わたしの旅ブックス
058

深遠なるインド料理の世界

小林真樹

産業編集センター

はじめに

今やどんな街に行っても必ず一軒はあるインド料理店。

「今日はインドカレー気分だな？」

自らの食欲に問いかけ、一軒のインド料理店のドアをくぐったあなたはそこで何を注文するだろう。

お昼どきなら、ステンレス製のターリーと呼ばれる大皿の上にのった大きなナンと、カトリと呼ばれるボウルに入った一〜二種類のカレーとが組み合わされたランチセット、夜なら両耳つきの銅皿に盛られたディナーセットだろうか。単品のカレーとナン、またはライスを選ぶ場合もあるだろう。すると「ドリンクはチャイ？　ラッシー？　カラさはドウなさいますか？」などと聞かれるのが定番のやり取りだ。

店内に流れる異国のＢＧＭや、独特のイントネーションの店員さんと共に〈インドカレー気分〉を盛り立ててくれる小道具の一つが、料理がのせられる「インド食器」だろう。そして私の本業は、このインド食器の輸入販売なのである。

ニッチな仕事だと自分自身でも思っているが、それでも全国各地で増え続けるインド料理店、あるいは自作派のコアな日本人を主要な顧客に二〇年以上、細々と事業を続けている。事業が細々なのに比して、得意先のインド料理店回りのせいで身体の方は太々としてくるのが目下の悩みだが、それでも日々、インド食器の山と格闘しながら梱包作業や直接納品に奔走している。

もともとこの業界（？）に入る前からインド好きで、バックパックを背負ってはインドにばかり通っていた。はじめての海外旅行先としてインドの大地に降り立ったのは一九九一年。当初は多くのバックパッカー同様、旅先であるインドと出戻り先である日本とをまったく別の世界だと考えていた。日本はあくまでもインド行きの資金を稼ぐ場、インドはそのカネを切り詰めて出来るだけ長逗留する場、というように。が、次第に日本国内にいる時もインド的雰囲気を探しては、その場所に入り浸るようになる。

ネット社会となった今でこそ、国内のどこにどんなインド的世界があるかは一目瞭然で、例えば東京の西葛西がインド人街として有名だったり、インド系イベントなんかも即座に検索出来る。しかし九〇年代初頭はどこにもそんな情報はなく、さらには西葛西のインド人街が形成される前でもあった。そんな時代に国内のインド的雰囲気に浸るにはどうするか。インド料理屋しか選択肢がなかったのである。

当時はインド料理屋だけが、国内におけるインドへの唯一の窓口だった。そこに行けば、コックさんやホールスタッフなど「本物の」インド人とふれあうことが出来た。覚えたてのカタコトのヒンディー語を使ってみたり、コックさんたちの出身地（北インド・ガルワール地方が多かった）の話を聞いたりするのが楽しく、足しげく通ったものである。やがて彼らと話をするだけでなく、そこで出されるインド料理も美味いことに気がついた。つまり私の場合、インド的雰囲気に浸ることが第一の目的で、後からその味に開眼したという本末転倒のパターンなのだ。

本書はそんなネットはおろかレストランすら希少だった時代にその味を知り、やがて底なし沼のように深遠なるその世界にどっぷりハマった私が、三〇年以上毎年欠かさず通い続けるインド現地で、体で覚えた料理の味や来歴、知られざる老舗ストーリーなどをマサラのように雑多に盛り込んだ一冊である。時に脱線し、本筋とは関係なさそうな、伏線が回収されたかどうかが定かではない展開となったこともなきにしもあらずだが、真実とは意外にもそのような中にこそひそんでいるものだし、何より私の好きなインドとはそのようなものである。

広大で重層的なインドの食世界を綴った、出来たて熱々のカレーのような本書を、可能ならばスプーンではなくインド人のように手で召し上がっていただければ幸いだ。

深遠なるインド料理の世界―目次

バターチキン…010
ナン…023
ビリヤニ…040
コラム　インド食堂　東西南北・忘れ得ぬ店❶　北インド／ハッジ・シャブラティー…072
タンドリー・チキン…074
ターリー…090
ミールス…106
ダルバート…124
コラム　インド食堂　東西南北・忘れ得ぬ店❷　南インド／ライヤーズ・メス…142
ファルーダ…144
チャパティ…160
ドーサ…178
コラム　インド食堂　東西南北・忘れ得ぬ店❸　西インド／ゴディノ…198
モモ…200
チキン・マンチュリアン…219
グラーブ・ジャームン…236
コラム　インド食堂　東西南北・忘れ得ぬ店❹　東インド／スワディン・バーラト・ヒンドゥー・ホテル…256
マクドウエル…258
ラッシー…278
チャイ…299

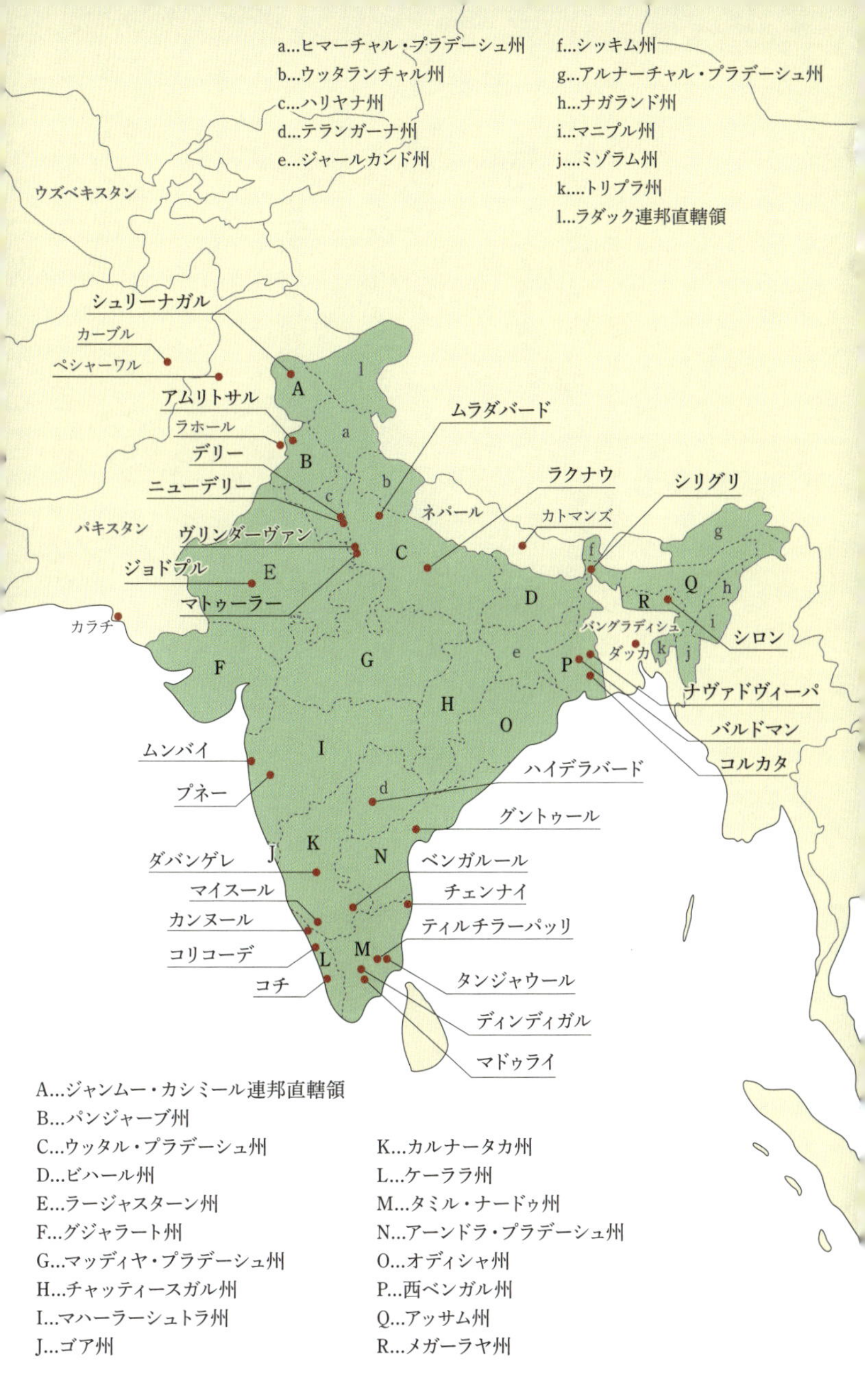
a…ヒマーチャル・プラデーシュ州
b…ウッタランチャル州
c…ハリヤナ州
d…テランガーナ州
e…ジャールカンド州
f…シッキム州
g…アルナーチャル・プラデーシュ州
h…ナガランド州
i…マニプル州
j…ミゾラム州
k…トリプラ州
l…ラダック連邦直轄領
ウズベキスタン
シュリーナガル
カーブル
ペシャーワル
アムリトサル
ラホール
デリー
ニューデリー
パキスタン
ヴリンダーヴァン
ジョドプル
マトゥーラー
カラチ
ムラダバード
ラクナウ
ネパール
カトマンズ
シリグリ
バングラディシュ
ダッカ
シロン
ナヴァドヴィーパ
バルドマン
コルカタ
ムンバイ
プネー
ハイデラバード
グントゥール
ダバンゲレ
ベンガルール
マイスール
チェンナイ
カンヌール
ティルチラーパッリ
コリコーデ
コチ
タンジャウール
ディンディガル
マドゥライ
A…ジャンムー・カシミール連邦直轄領
B…パンジャーブ州
C…ウッタル・プラデーシュ州
D…ビハール州
E…ラージャスターン州
F…グジャラート州
G…マッディヤ・プラデーシュ州
H…チャッティースガル州
I…マハーラーシュトラ州
J…ゴア州
K…カルナータカ州
L…ケーララ州
M…タミル・ナードゥ州
N…アーンドラ・プラデーシュ州
O…オディシャ州
P…西ベンガル州
Q…アッサム州
R…メガーラヤ州

バターチキン

出会いと衝撃

「またバターチキン？　もう飽きたよ〜」

そんな声が、インド・ネパール料理店で食事中の私の背後から聞こえてきた。家族連れの小学生の息子さんが声の主らしい。マニアどころか、子供からも顧みられることがなくなったバターチキンだが、それだけ一般化した証であり、私がバターチキンと出会った三〇年前には想像もつかなかった光景である。

当時まだ都内にはインド料理店の数が少なく、赤

在りし日のラージマハルの食べ放題

坂や六本木にまで行けばタージやモティ、マハラジャといった店があったが、私がよく通ったのが新宿にあったラージマハルだった。今はなきその店内でお昼の一〇〇〇円バイキング（昔は一〇〇〇円でランチバイキングを出すインド料理店が多かった）を腹いっぱい食べたあと、コックさんやホールさんからインドの地元話を聞くまでがお決まりのコースとなった。

ある日たまたま、昼ではなくディナータイムに訪問した私は、昼のバイキングで食べ慣れていたクリーミーなチキンカレーをオーダーした。運ばれてきたカレーを一口食べて驚いた。昼のチキンカレーも美味かったが、夜に食べたそれはコクとリッチさが段違いだったからだ。柔らかく焼き上げられたナンとの相性もバツグン。口にふくむとほんのり残る玉ねぎの食感、バターの芳醇な香りとコク、カスリメティの放つ風味、トマトの奥深い酸味、隠し味として用いら

ラージマハルで親しくなったコックに自宅に来て教えてもらったことも

れるハチミツの蠱惑的な甘さ……。一口食べてガーンと打ちのめされた、というほどではないが、「こ、これは……」と思いつつ一気呵成に食べ続け、気づくと空になった皿を前にしている自分がいた。

「ラージチキンマサラ」という名で提供されていたその料理は、ラージマハルが開発したいわゆる「バターチキン」だった。今でこそ街中のインド料理店の定番メニューであり、粗製乱造されたバターチキンが出回る時代だが、まだインド料理店が高嶺の花だった当時、その花形メニューはとても丁寧に作られた一品だった。当時厨房にいた元調理スタッフからのちに聞いた話だが、今のようにトマト缶や冷凍鶏ではなく、すべて生のトマトや鶏肉を使っていたなど、食材へのカネのかけ方は今の街中のインド料理店の比ではなかったらしい。

店の厨房で作る料理を家庭の台所設備で再現するのは極めて困難

かくして「バターチキン」に開眼した私は、やがてインド旅行中でもレストランのメニューにその文字を見かけると頼むようになった。時代は九〇年代前半。まだインド食器屋稼業をはじめるはるか前のことである。

インドでの食べられ方と食器の差

日本で「バターチキン」の美味さに開眼した私は、その後インドを訪れた際も行く先々でたびたびバターチキンを求めるようになった。今考えると当然なのだが、インドのバターチキンは日本のそれとはだいぶ異なる。何よりもまず違和感があったのが、日本とのボリュームの差だった。

基本的に一人前の料理を前提とする日本では、ナン一枚かせいぜい二枚分のバターチキンしか提供されない。しかしインドのレストランで出されるバターチキンはその優に二倍はあろうかという分量。しかも鍋のように大きなインド皿からあふれんばかりになみなみと注がれている。かといってインド人がみな大食いというわけでもなさそうだ。

インド人がちょっと高めのレストランに行く場合、単独での訪問はまずない。たいてい友人か、最近では家族と共に訪問する。屋台や安食堂では単独で食べているインド人が多いが、基本的にレストランはハレの場であり、仲間や家族とワイワイいいながら食べる場であると認識されている。提供される料理のポーションは、あたかも日本の鍋料理のごとくシェアされることを前提にしている。一人旅の旅行者にはこれが第一関門かもしれない。一人前が食べたいのに、鍋料理が出てきてしまうのだ。

周囲のインド人客を注意深く観察しているとわかるが、彼らのテーブルにはなみなみとバターチキンが入った巨大なカレー皿とは別に、直径三〇センチ前後の平たいターリー(プレート)が置かれている。これはいわば取り分け皿である。

彼らはバターチキンやその他の料理を複数でシェアし、それぞれのカレー鍋から各自のターリーによそい、そこにめいめいのナンあるいはライスを入れて混ぜ合わせて食べ進めている。一方、日本では提供されるポーションが一人前であることから、提供されたカレー皿に直接スプーンを刺すか、あるいはナンをディップして食べるケースが多い。

このレストランでの食べ方に、インドの食事方法の特徴が色濃くあらわれている。世界中どこでもそうであるように、インドの家庭でもおかず類は鍋類で作られる。鍋類にはカラーヒーやハーンディーがある。カラーヒーとは中華鍋のような半球状の形状で、ハーンディーとは首のすぼまった、平べったい壺のような形状をしている。材質は現在では鉄やアルミ、ひと昔前までは銅や真鍮製が多かった。家庭の女たちはかまどの上で煮炊きしたおかずを、カルチと呼ばれるお玉を刺してそのまま食卓、または床の上におく。この鍋の中のおかずを取り囲むようにして座った家族は自ら、もしくは母や妻の手によってめいめいのターリーに取り分け、ライスやチャパーティーなどと共に手で混ぜ合わせて食べていく。これが一般的なインドでの日々の食事風景である。つまりレストランでの食べ方、提供の仕方は、このような一般家庭での食事スタイルを踏襲しているのだ。

バターチキンが入ったカレー皿も、カラーヒーやハ

北インドのとあるレストランで食べたバターチキン
ポーションは大きく、一人でも手前の皿に取り分けて食べる

ーンディーといったインド家庭の伝統的な鍋類と同じ名前で呼ばれる。インド人は料理を作る鍋類そのものに食欲を強く刺激される、あるいは理想的な調理のあるべき姿といったものを投影しているようで、例えば「カラーヒー・チキン」だとか「ハーンディー・ゴーシュト」など、素材と調理器具名を組み合わせてメニュー名にしている。あたかも鍋類の名前を付ければ正しい調理法を経て作られた美味しい料理である、といわんばかりだが、これなどもやはり日本の鍋料理と共通するところがある。日本でも鶏鍋、しし鍋などというからだ。

とはいえもちろん、無骨でリアルな鍋類をそのまま白いクロスのかかったレストランのテーブル上に出すようなことはしない。出されるのは、実物に精巧に似せて作られた、ある種のレプリカである。それも外側に銅版をあしらい、表面には槌目加工がほどこされた

シンガポールのインドレストランでも、カラーヒーから手前の皿に取り分ける食べ方は同じ

ゴージャス版で、これはヨーロッパのアンティーク調食器を模したものである。つまり現代インドのレストラン食器は、従来のインド調理器具文化と西洋アンティーク文化とが融合されて完成されたものといえる。

一方日本では、カレーを鍋料理のようにして食べるという習慣はない。日本にカレーライスが伝わった当初から、基本的にカレーとは一皿料理である。店に何人で行こうがポーションは一人前が基本だし、カレー皿も一人につき一皿だけ。おそらくこれを踏襲して、のちに誕生した日本版インドレストランでもシェアではなく一人前が前提となったのだろう。だからバターチキンを頼んでも取り分け用のターリーは付か

日本のインドレストランでは取り分け皿がなく、直接カラーヒーにつけて食べる

ず、ナンの場合は適度なサイズに手で千切ってディップ、ライスの場合はスプーンですくってライス皿に直接かけて食べるスタイルが今でも主流だ。このように、食べ方や食器の使い方一つとってもインドと日本では大きな違いがある。

食材と味の違い

「バターチキン」というワードは、当時の私が主体的に記憶した最初のインド料理名だったかもしれない。今でこそコンビニの陳列棚はおろか学校給食の献立にすらなる時代だが、九〇年代初頭の日本においてバターチキンは、まだまったく一般化されていなかった。せっかく覚えた料理名を本場でも使ってみようと、現地のレストランのメニューで目にするたびに私はオーダーするようになった。

インド国内を食べ歩くにつれ、同じバターチキンとはいっても店や作り手によってかなり幅のあることがわかってきた。そしてそのいずれからも、日本のラージマハルで食べたようなハチミツの甘さや生クリームのコクは感じられなかった。この味の違いから、インド人の好みや特徴がかいま見えてくる。

まず最初に強く感じたのは酸味だった。インドのバターチキンは酸味が強い。これはトマトを多用するからだが、のちに親しくなったインド人のコックたちは異口同音に「日本のトマトは甘い」といっていた。確かにトマトに限らず日本の野菜は総じて糖度が高い。だから生で食べるぶんには美味いのだが、食材としては使いづらいらしい。彼らからは「まるで野菜じゃなくてフルーツだ」とも聞いた。

インド料理は酸味を多用したものが数多い。バターチキンに使用されるトマトは実はインド原産ではなく、一六世紀以降本格的にインドを支配したポルトガルによって南米からもたらされたものである。それがまたたく間にインド全

インドで食べる一般的なバターチキン。かなりボリューミー

土に広まったのは、タマリンド、青マンゴー、コカム、ゴングラといった酸味を持つ食材を多用したり、アチャール（漬け物）や穀物料理など発酵して酸味付けする料理文化の下地がインドにあったからだろう。

具材となる鶏にも、日印で差があった。ラージマハルでは鶏はタンドールで焼き上げられたのち、小さくサイコロ状にカットされてまったりとしたグレービーをまとっていた。しかしインドで食べたそれは日本と違い、例外なく骨がついていた。中には「ボンレス（骨なし）」とメニューに書かれているところもあり、骨付きのものと比べて二〇ルピーぐらい高かった。これは骨から肉をはずす手間賃だろう。しかしインド人にいわせると「骨まわりが美味い」という人が圧倒的に多い。それどころか、歯の丈夫な若者などはガリガリと骨まで食べてしまう。また骨付きを食べるのにナイフとフォークでは食べづらい。必然的に手食とならざるを得ない。

バターの量もハンパない。バターはヒンディー語でマッカンという。いや、正確にいうと西洋伝来の近代製法で生産された有塩バターではなく、発酵後に長期保存のための塩を加えない、インド古来の製法で作られた無塩バターを指すのだが、昨今では双方区別なくマッカンと呼称されるようになっている。長期保存のきく工業製品としてのバターが廉価で出回るようになると、食堂や屋台で大量のバターを使った料理が増えていった。ご存知の通りヒンドゥー教では牛は神様として崇められている。バターもまた神様からの浄性の高い恵みという考え方があり、ゆえにたとえ近代医学で摂りすぎを警告されても、不衛生なガンジス河を聖なるものとみなすように、信仰を重視する人たちにとって欠くべからざる食品なのだ。つまりインドでは信心深い人ほど太りやすい傾向にあるといえる。

さらにラージマハルで感じた、舌先に広がるあのハチミツの甘さ。日本の複数の店で食べた

北インドのレストランで出されたバターチキン。バターの量が凄い

バターチキンには強い甘みがあった。一方のインド現地でも、確かに甘さがあるにはあった。インドのレシピには、砂糖を少量加えることで、よりリッチさが出るとされるものもある。しかし日本ほどの強い甘ったるさは感じなかった。なぜ日本のバターチキンはこうも甘いのか。不思議に思って複数のインド人コックに聞いてみたところ、「日本人は甘いのが好きでしょ?」という答えが返ってきた。彼らコックは保守的で、普段の食事も自分たちで作ることが多いが、それでもたまに外で食べる日本の味は彼らにとってたいそう甘く感じるものらしい。また「テレビのリポーターが『甘くて美味しい』といっていた」という人もいる。つまり厨房のインド人たちは「日本人にとって美味しいもの=甘いもの」と誤解しているフシがある。だから元来甘いバターチキンをさらに強調して味付けするようになったようだ(諸説アリ)。

このように、今でこそ日本では日常的な食べ物となったバターチキンだが、本国インドと食べ比べてみると両国の食材の差、味の差、盛り付け方の差、食べ方の差、などずいぶんと違いが際立つことに気づく。さらに同じバターチキンでも、店や地域によってインド国内でも差異があるのだという知見を得た。

ナン

日本での進化

バターチキンと相性バツグンなのがナン（ナーン）である。焼きたてでふっくらモチモチしたナンは今やすっかり日本のインド料理店のキラー・アイコンとなっている。ホールの店員から

「ナンにしますか？　それともライスにしますか？」

と聞かれてナンを選ぶ人は多い。それどころか、ナンが美味しいからインド料理店に行く、という人も少なくないのだ。

トクリと呼ばれる専用のバスケットからはみ出すようにして提供されるナン。もちろんナンはインドから伝わった料理ではあるのだが、日本で独特の進化を遂げてもいる。

私がインド料理に開眼した九〇年代初頭、ナンはまだ珍しい異国の食べ物だった。

「インド料理店に行ったらライスじゃなく、ナンで食べるんですよ」

などと言ったら周りから「通」呼ばわりされるような時代だったのだ。今は昔である。

タンドール自体がまだ特別なものであり、あえて耐火ガラス越しにタンドールを設置し、調理作業を客席から見えるように造られた店も多かった。今ではあまり見られなくなったが、

「わぁ、顔より大きい〜!」

とナンとツーショット写真を撮る人もよくいた。つまり客にとって「大きなナン」とはそれだけ珍しかったのだ。大きさを強調する商法自体は「デカ盛り」などという言葉があるように日本でもなじみのあるものだし、インドでも巨大なナンを名物メニューに据えたホテルはある。他にもチャレンジ系の巨大ドーサやターリーを提供する店があるから決して珍しいものではない。ただし一般的なインド料理店による、大きさを強調した提供の仕方は日本で独自発展したものだろう。

現地インドとの比較でいうと、そもそもインドではナンの大きさそのものは重視されな

い。仮に多少大きく作った場合でも、ナイフで切り分けたのちトクリにのせてサーブするのが現地のレストランでの提供スタイルだ。それは例えば洋食レストランでフランスパンの長さを強調したいがために丸のまま出さないのと同じである。またナンを大型化すると食べるのに時間を要し、おしまいの方になるとだんだん冷えていく。冷めたナンは美味しくない。インドにおけるレストランのナンが大きくない理由はそんなところだろうか。

　このナンは以下の手順で作られる。ナンを焼く前の小麦生地を英語でドウ、ヒンディー語でマウと呼ぶ。捏ねられたドウを数時間寝かせて発酵をうながし、素手ではなくガッディーとい

日本のインドレストランでおなじみの大きなナン

う厚く小さな座布団のような専用具の上にのせてタンドール内側にペタンと貼りつける。日本ではこの貼りつけ前に、ガッディーからはみ出したドウの一辺を、弓を引く要領でグイっと引っぱる。するとちょうど先端の長い二等辺三角形の形状の大きなナンが焼きあがる。生地を伸ばすことで薄くなり、内部の生焼けを防ぐ効果もある。

一方インドでは、ドウが小さいためガッディーにのせる際も引っぱるほどの余地があまりない。ただしもちろん例外はあり、以下の写真のようにインドでも二等辺三角形状のナンを焼いているのを見かけたことはある。それでもサーブする時にはカットされていた。

インド現地のレストラン厨房。ガッディーにのせた生地の先端部を引っぱっている

タンドールの内側に貼りついたナンを取り出すのは、尖った先端をレの字型に曲げたサリヤーという棒と、先端が平らなヘラのようになったクルピーという棒。サリヤーでナンを引っかけながら、窯肌と接着した部分をクルピーでシコシコとはがしていく。この二本の棒を自在に使いこなせるようになれば一人前のナン職人だ。

出来上がったものを食べ比べてみると、大きさだけでなく味もかなり日印で違うことがわかる。日本では小麦のほかに砂糖や卵、ベーキングパウダーが大量に加えられる。そのためナンそのものがかなり甘くなる。一方、インドではこのような甘味は抑えられている。

長くのびるチーズナンやチョコレートナンといったバリエーションの豊富さも日本で独自進化したものだ。中に具材を詰める調理法そのものはパンジャーブ地方などで広く見られ、パラーターという鉄板焼きのパンの具にゴービー（カリフラワー）、アールー（ジャガイモ）を入れたものは定番の朝食となっている。ナンの中にチーズを入れたものもレストランにはあるが、そのほとんどがパニールと呼ばれるインド式カッテージチーズであり、日本のような「のびるチーズ」が入っていることはまずない。ではインド人がこのようなのびるチーズを食べないかといえばそんなことはない。インドの街の至るところには外資系大手ピザチェーンの店舗があり、そこを訪れる客たちは糸のようにのびるチーズを楽しんでいるからだ。もしかしたら今後、インド本国でものびるチーズ入りナンが流行るかもしれない。

チョコレートナン、あんこナン、明太チーズナンなどの、菓子パンや総菜パンをイメージさせるナンはインド料理店のコックの発想というより、関わっている日本人のアイデアだろう。そのバリエーションから、日本人がナンをどう捉えているかが見えてくる。

インド各地のタンドール

「大きく作ったナンを、その大きさを強調するためノーカットでサーブする」

日本で人気の高いチーズナン

これが日本のインド料理店で独自進化したナンの提供方法だった。一方インドでは数片にカットされて出される。しかしそれはあくまでもレストランでの場合である。

インドでは大衆食堂や屋台などさまざまな場所でさまざまなナンが出される。その形状も、日本でもなじみのあるものから見かけないものまで幅広い。店でカレーと共に出されるだけでなく、ナンを単体で売っている「ナン屋」が存在するのだ。

とはいえ実は、ナンはインド固有の料理ではない。ビリヤニやプラオ、ハルワーなんかと同様、外来の料理である。日本にとってナンが外来料理であるように、インドでも外来料理なのだ。ただし伝来した年代が古いため、あまり外国由来の料理だと思われていない。日本のうどんや茶を誰も外国由来だと思わないのと同じといえようか。

もともとの発祥は現在のイランあたりであるといわれ、そこから中央アジア、（インドを含む）南アジアに伝播したとされるナンは各地で名前や作り方、形状などが異なる。ウズベキスタンではフチが盛り上がったきれいな円形、アフガニスタンでは大ぶりの長方形に近い形状のナンが有名。もちろんこれ以外にも、各国内で様々なバリエーションが存在する。その多様性はインド国内でも同様に見られる。地域や文化圏によってさまざまなナンが存在するのだ。

　まずはパンジャーブ地方。鉄道やバスの車窓からパンジャーブの大地を眺めるとよくわかるが、見渡す限り一大穀倉地帯である。とりわけ有名なのが小麦で、収穫高はインド全土で生産されるうちの約半分。収穫期の秋に訪問すると一面黄金色に色づいた畑が地平線まで広がっていて、パンジャーブの豊かさを実感させられる。この小麦で作ったパン類がパンジャーブ人たちの主食となっていて、ローティー、クルチャ、パラーター、そしてナンといった多様なアイテムがテーブルを彩る。

　パンジャーブのタンドールは粘土をつりがね型に成形にして焼いた窯で、基本的に日本のイ

パンジャーブにあるタンドール製造業者

ンド料理店で使われているものと同じである。

ただし日本の場合、破損防止や運搬のためステンレス製のカバーで正方形に覆われているものが多いが、パンジャーブにある古いタイプのものは素焼きの窯がむき出しになったものもある。ほかにもドラム缶で外側を覆った簡素なタンドールは北インド全域の安食堂でよく見られる。

パンジャーブではタンドールは床上に置かれ、職人は両手にサリヤーとクルピーを持ち、立って作業をする。燃料は木炭が使用されるが、一部の大きな店ではガス式のものも見られる。ちなみに日本の場合、複合商業施設内に設置されるタンドールは消防法の関係でガス式となる場

ドラム缶を再利用したタンドールも多い

合が多い。

タンドールではナンだけでなく、ローティーも焼く。むしろパンジャーブの大衆食堂においてはこのタンドーリー・ローティーの方がなじみ深い。ナンとローティーの違いは素材の差で、ナンは発酵させたマイダーを、ローティーは無発酵のアーターを使う。マイダーとは殻付きの小麦粒からふすまと胚芽を取りのぞいた精製粉で、白い色味をしている。一方、アーターは殻付きの小麦粒からふすまと胚芽を取りのぞかずに製粉した小麦粉で、全粒粉と訳されることが多いが、厳密にいうと本来は穀物由来の「粉」そのものを指す。インドでは米や雑穀の粉もアーターと呼び、小麦粉（全粒粉）もゲフン・カ・アーター（小麦の粉）と呼ばれるべきところが略称されてアーターと呼ばれているのである。

パンジャーブのタンドールが立ち作業式である一方、デリーやラクナウなどの下町にあるムスリム食堂のタンドールでは開口部の脇に座って作業をするスタイルが一般的である。その構造は、設置したタンドールの周りを取り囲むようにして盛り土をして台座を作り、モルタルなどで固める。職人はその台座の上にあぐらをかいて座り、タンドールの開口部を覗きこむようにして作業をする。

デリーやラクナウのムスリムの多い旧市街に行くと、今でもこのようなタンドールをもつ大衆食堂が点在する。タンドールの隣はたいていニハーリー（肉の煮込み料理）を煮込む巨大なデーグ（鍋）が設置されていて、マスジド（モスク）での朝の礼拝時間に合わせて早朝から営業している。ニハーリーに合わせるのはナンだったりカミーリー・ローティーだったり。とにかくムスリムの多い旧市街はこうした店巡りが楽しい。

材質は、パンジャーブのタンドールが粘土を焼成したものであるのに対し、ラクナウのものは鉄製でより大きく作られている。熱源もガス式であることが多い。理由を聞

座って作業をするタンドール

立って作業をするタンドール

くと、この方が高い温度で加熱することができ、また一度に大量に焼くことが出来るからだという。もちろんガス式の熱源はせいぜいここ数十年内に導入されたものであり、それまでは炭や薪を使っていた。このように、一見昔ながらの製造風景のように見えて、その実新しいテクノロジーを取り入れているケースは多い。ちなみに数年前にパキスタンに行った際も、大半の食堂のタンドールはこの「鉄製・ガス式」だった。

ナンをもとめて何千里

パキスタン国内に絞ってみても、さまざまなナンが各地に存在する。

パキスタンの西端ペシャーワルにいくと、独特の民族衣装に身を包んだパシュトゥーンの人たちが下町といわず街の至るところに店を出し、大きなタンドールでナンを焼いている。彼ら職人はナンバーイー（ナーンバーイー）

ペシャーワルのナンバーイー

と呼ばれ、パキスタン国内ではパシュトゥーン人は「ナン焼き上手な人たち」と認識をされている。街の人々は腕のいいナンバーイーのもとに行き、日々のナンを買うのだ。

ナンバーイーの作るナンは何種類かあるが、とりわけ洗濯板のようなガッディーでタンドールの内側に貼りつける、一メートル弱はあろうかという巨大なダステギーと呼ばれるナンはド迫力だ。日本のインドレストランで提供される大きなナンとは形状こそ違えど、その大きさを誇示する点は共通している。もちろんレストランのようにカットしてしまったら、客が抱えて持ち帰るのにかえって不便となるため一枚ものの「ノーカット」ナンを売るのは実利的でもあるのだが、見栄えの点からもナンバーイー店頭には、まるで目印のように巨大なナンがぶら下がっていて壮観だ。

このパシュトゥーン人ナンバーイーの手によるナンが、実は現代インドにおけるレストラン料理としてのナンの登場に一役買っている、という説もある。デリーの高級インドレストランの嚆矢《こうし》とされ、「バターチキン発祥の店」として名高いモーティー・マハルの創業者、クンダン・ラールは英領時代のペシャーワルに生まれた。地元の食堂で下働きしていた彼は印パ分離独立の際にペシャーワルからデリーへと移住。やがて自らの店モーティー・マハルをはじめたラールは、ペシャーワル式にパシュトゥーン系のナンバーイーの作るナンを出した。また現在では著名なインドレストランとして名をはせ、インド中に支店を持つカリーム・ホテルでも、当初パシュトゥーン系のナンバーイーを雇っていたという話がある。独立後のインドで、このようにしてインドレストラン料理のひな型が作られていき、その流れの先に、日本のインド料理店の客に誇示するような大きなナンがあるというのは興味深い話である。

一方、同じパキスタン国内でも、カラチやラホールの食堂で提供されるナンは小ぶりで円形をしている。とりわけ朝のパヤやニハーリーに柔らかいナンは欠かせない。外縁に沿って無地の土手を作り、その内側には指、またはターパーと呼ばれる金属製のハンコのような押し型で模様をつける。ウズベキスタンのノンほどの厚みはないが、

カラチで食べたナン。ニハーリーと共に朝食べる

直径といいどことなく共通点を感じさせる外見である。

シュリーナガルもまた独自のナン文化をもつ地域である。シュリーナガルではナン屋のことをカンドールワーンと呼ぶ。朝まだ明けきらぬシュリーナガルの寒い朝、カンドールワーンのもとを訪ねると、地元の人々が暖を取るように窯の前で手をかざしている。そこではチョウトやラワサといった豊富な「ナン類」が売られていて、地元の朝の食卓を彩る。カチカチに固まったバターを苦労して塗ったチョウトとアツアツの紅茶の組み合わせは、質素だが心温まるシュリーナガルの定番朝食である。

かたや気温の高い南インド、ハイデラバードにもユニークなナンが存在する。暑い炎天下の下町を歩くと、部屋の真ん中に大きな穴が開いただけの殺風景な店がこつ然とあらわれる。穴のかたわらには小さなピーラー（座椅子）が置かれ、よく見ると穴に見えたそれが床

シュリーナガルのカンドールワーン

下に埋めたタンドールであることがわかる。額に汗しながら職人が焼いているのがチャール・コーニー・ナンと呼ばれる四角く成形されたナンである。

長方形など四角く見える形状のナンはペシャーワルでも見られるが、ここまで意図的に四角形にしたものではなかった。あるいはイギリス伝来の食パンを模したものだろうか。このチャール・コーニー・ナンは持ち帰り専用の街中のナン屋だけでなく、シャーダーブなど有名なムスリム食堂でも厨房内のタンドールで作られていて、ニハーリーなどの料理と共にサーブされている。

ハイデラバードのチャール・コーニー・ナン

タミルなど本来ナンが文化圏ではない地域であえて頼んでみるナンも面白い。行く先々の店に入り、（オーダーするかどうかは別にして）メニューを読むこと自体が好きな私は、タミル・ナードゥ州マドゥライという濃厚なタミル文化圏真っただ中で「ナン」の字を目ざとく見つけるや、好奇心の赴くままに注文してみた。出てきたそれは不自然なほど分厚く、油が塗布され重厚感があり、楕円形に成形されて真ん中から二つに切り分けられていた。そこには「南インド人が考える北インド料理」のイメージが色濃く反映されていて、味はともかく大変興味深いものだった。

このように、ナン単体をフォーカスしてインド亜大陸全土を旅してみても、大いなる多様性を肌と胃袋で体感出来る。日本でありふれたナンがこれほどまでにバリエーションがあることを知るのは、食べる喜び以上の貴重な経験となるだろう。

タミル・ナードゥ州のナン。バナナの葉の上にのって出される

ビリヤニ

本物のビリヤニとは何か?

「ビリヤニ用のハーンディーください。今度新しいメニューで出すので」

そんな電話が増えたのは、ここ二〜三年のことだろうか。とりわけインド料理店を経営しているネパール人店主あたりから、こうした依頼が多くなった。

インドにおいてビリヤニはハーンディーやデーグといった大鍋で作られる。こうしたイメージから、レストランのサーブ用にもミニチュアのハーンディー皿が作られるようになった。現代でも少し高級なレストランにいけば、サーブ用のアンティーク仕様にしたハーンディー皿でビリヤニが出されることが多い。こうしたインド本国の食器文化が日本のインド料理店にも反映されるのである。

インド食器屋をやっていると、注文をもらう皿や道具類の偏りによって国内のインド料理店のトレンドが何となくわかってくる。近年は間違いなくビリヤニだろう。例えばこの夏、コンビニ大手のセブンイレブンがエリックサウス監修のビリヤニを出したことが話題になった。ほかにも輸入食材のカルディでは炊飯器で炊いたご飯に混ぜるだけというビリヤニの素を発売している。あとはレトルトパウチ食品のビリヤニとか、松屋あたりで販売されればさらなる一般化が進んだといえようか。

それにしても、こうした商品が出るときまって「こんなのは本物のビリヤニじゃない」とか「本場で食べられているものとは違う」などという声が上がる。では本場で食べられているビリヤニとはどのようなものか。インドのどこを旅すれば「本物の」ビリヤニに出会えるのか。

北インドの食堂のビリヤニはハーンディーに入れて提供された

ビリヤニは米料理である。諸説あるが稲は現在の中国雲南、あるいはインドのアッサムあたりを原産地とし、やがて中国内陸部で水田農耕が開発された。その一方が東方の日本にも伝播。一方西方に目を転じると、インドからペルシア、トルコへと伝播していく「米の道」が存在した。ペルシア語で米を「ベレンジ」と呼ぶが、その語源はサンスクリット語だとする説が有力だ。米はまた七～八世紀にアラブ人商人によってインドから海路でヨーロッパにも伝えられた。当時イスラム教徒の支配下にあったスペインに稲作技術が導入され、のちにパエリア文化が花開く。一方、ペルシアから

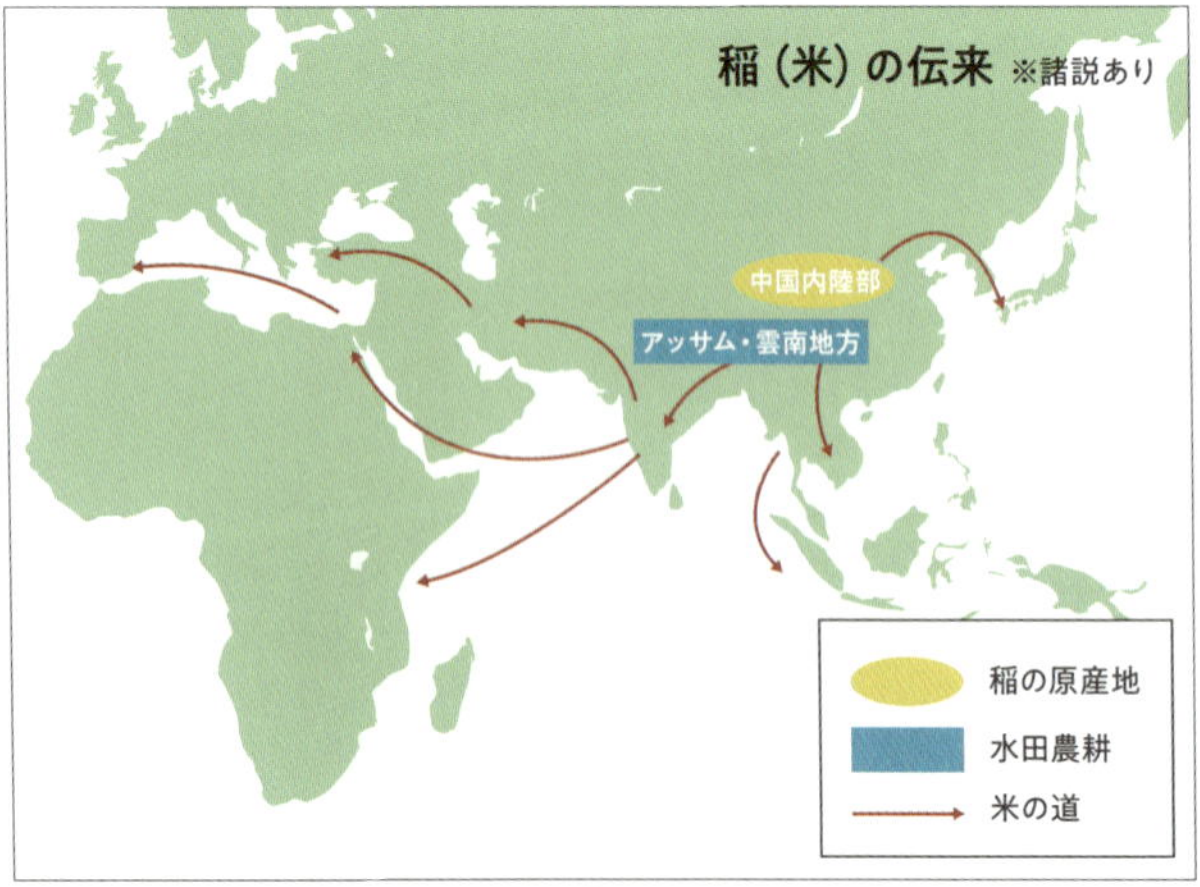

参考：「週刊朝日百科・世界の食べもの①米とイモの分化」
「コラム ヨーロッパのコメと稲作」上林篤幸

トルコでは米を炊き込み調理したポロウ、プラオが誕生。これがのちのビリヤニの源流となっていく。

十一世紀以降数世紀にわたり、インドは中央アジアや西アジア圏のイスラム教勢力の侵略をうけるようになる。やがて一五二六年、ティムール朝の末裔であるバーブルによるムガル帝国が成立。ティムール朝はもともと現在のウズベキスタンからイランにかけての広範囲な地域を支配していた。だから成立直後のムガル帝国の宮廷内には地元のインド人ではなく、ペルシアやトルコ系の学者や詩人、中央アジアの軍人らが出入りし、首都こそデリーに置かれたものの、その内部にはペルシアや中央アジアの文化が色濃く漂っていた。

第三代皇帝のアクバルの治世から、地元インドの文化を取り入れるようになる。ギー（精製した発酵バター）をふんだんに使ったキチュリー（米と豆の粥）が宮廷内の厨房で作られるようになったのもこの時代。もともとインドを介して西方に伝わった米が、やがてポロウやプラオ、あるいはフィルニーといった調理技法をともない還流する形でインドに再上陸。ただし中にはビリヤニという「インド化」をしなかったプラオもある。それは今でも同じプラオという名のまま、やはり広くインドに浸透している。

仮にもし、「本物の」ビリヤニが存在するとしたら、この時代のビリヤニこそがそれに該当するのだろう。だが現代においてそれを完全再現したからといって、究極のところそれは「本物の」精巧なレプリカでしかない。

ちなみに語源となったとされる「ビリヤン」とは、ペルシア語で「火を入れる」といった意味らしい。特に子羊や若鶏を鉄板で炒めたりする場合に、肉の中心までよく火の通った、いわゆる「ウエルダン」になることを指すという。しかし教えてくれた都内のイラン料理店〈Jame-Jam〉のチャラバンディさんによると、必ずしもイランではよく使われる言葉ではないとのこと。「ホテル」という英語がインドで誤用され「食堂」を指す言葉として定着したように、これもまた誤用が一般化したペルシア語なのかもしれない。

Jame-Jamで食べたポロウ

時代が下り、ムガル帝国の勢力圏が拡大すると、広げた領土の各地でタイプの異なるビリヤニ文化が花開いていった。宮廷の中だけの料理が、時代を経るにしたがい具材や調理法を変えながら大衆化していく例はインド料理にはよくある。ビリヤニはその最たるものだろう。

では次に、実際にインドの人たちがビリヤニに対してどんなイメージを持っているのかを探っていきたい。

ビリヤニの多様性

屋台やレトルト製品化されるなど、インド国内でも広く大衆化しているビリヤニだが、それでも「ハレの日のごちそう」というイメージがまだまだ根強く、婚礼やパーティー料理の中では主役級の座を占める。久しぶりに再会したインド人の友人から「じゃあ今夜はビリヤニでも食べに行こうや！」と誘われることも多い。スーパー

バーワルチーと呼ばれる宴席料理の専門業者

のお惣菜コーナーや回転寿司チェーンの登場で大量消費されるようになった今でも、「寿司」と聞くと晴れやかな気持ちになる日本人のメンタリティーと似ているかもしれない。

広大なインドには、ビリヤニ以外にもさまざまな米料理が存在する。もともとプラオ・ポロウが伝わるはるか以前から、インドでは固有の米料理が食べられていた。前述の通り、稲作そのものはインドを経てペルシア・トルコへと伝わったものであり、米食の歴史はインドの方がはるかに古い。例えば現存するインドの古典文献、サンスクリット語文献のうち、食事情を記した『パーカダルパナ』や『ボージャナクトゥーハラ』といった中世インドの料理書の中にタハリーという米料理が登場する。

サンスクリット語文献に登場するぐらいだから、タハリーとはインド由来の古い米料理の一つなのだろう。しかし必ずしも古い文献の中だけでなく、現代の街場の食堂で広く食べられている料理でもある。ただし食べる場所や状況によって同じタハリーという名前の料理とは思えないほどその完成形に幅がある。例えばハイデラバードに行くとマトン入りの肉々しいタハリーが食べられている。味も見た目もまるでビリヤニのようで、正直ビリヤニとの明確な違いはわからない。ちなみにサンスクリット語文献の中に登場するタハリーにも鶏肉入りのものがあるから、肉の有無だけで正統派かどうかの判断はできない。一方、西インドのプネーにあるジュレーラール寺院で開かれた、スィンディーの新年祭チェティー・チャンドを見に行った時、参拝者に配られていたのもまたタハリーだった。一口食べて驚いた。茹でたチャナー豆が乗り、黄色く色づけされたタハリーの味がなんと菓子のように甘かったからだ。

完成形に幅があるのはビリヤニもまた同じである。イスラム教徒が多数派を占める宮廷の中で食べられていたビリヤニは、大衆化していく過程で当然ヒンドゥー教徒という巨大な壁にぶつかる。そこで肉食をしないヒンドゥー教徒用にカスタマイズしたベジ・ビリヤニが創作される。肉をごちそう視するイスラム教徒からみれば正統的とはいえないだろうが、衝突と変化をくり返して料理は「インド化」していくのだ。このように、マーケット

ジュレーラール寺院で配られていた甘いタハリー

の嗜好や食習慣に合わせて料理の方をカスタマイズしていく場合もあれば、もともと存在していた米料理の名称や製法の方をビリヤニに寄せていく例も存在する。

あれはインド北東部にあるメガーラヤ州の州都シロンを旅した時のことだった。四方を山に囲まれたシロンは文化圏としてはインドというより東南アジアに近く、インドの大都会特有のけたたましい喧騒のない、静かで風光明媚なたたずまいをしていた。仕入れる食器を探すべく階段状に広がるバザールを上り下りした私は、ふと軽い空腹を感じてとある食堂に入った。聞くと、地元に住むカシ族の米料理ジャードーがあるとのこと。鶏や豚の血をよく混ぜることで味をしみ込ませた生米を、豚肉を香辛料と共に茹で

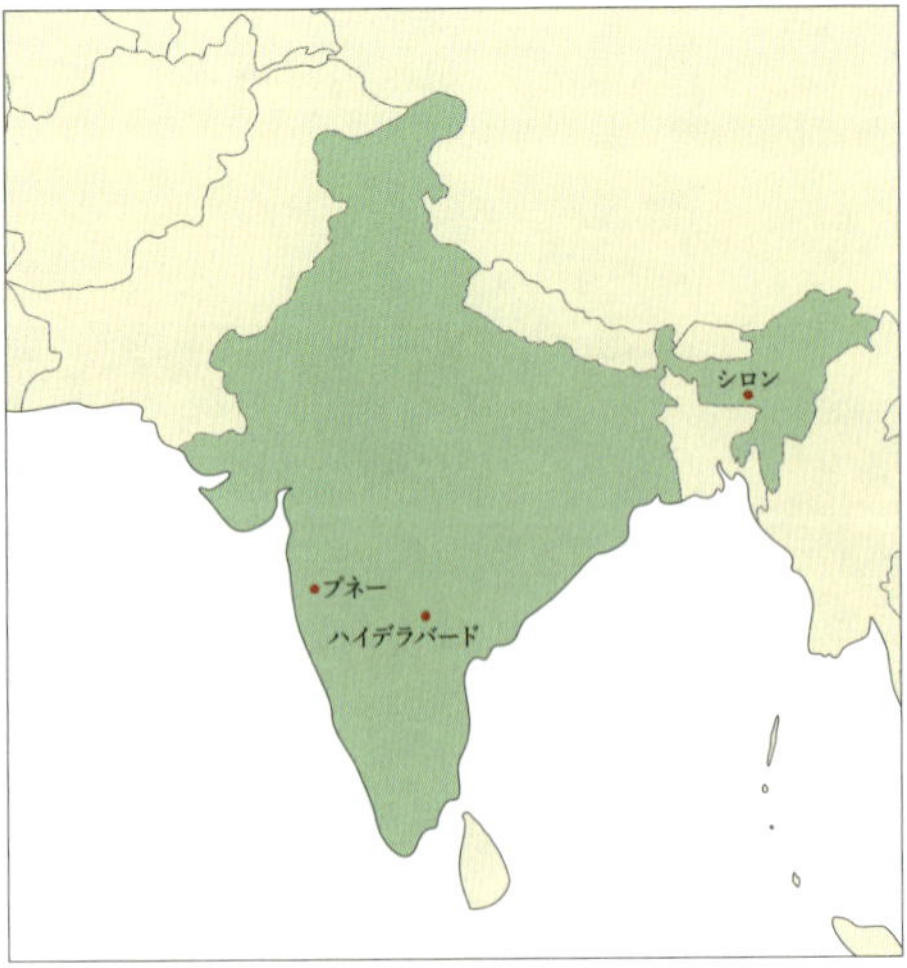

たスープに投入して作る地元の名物料理である。注文後、ほどなくしてテーブルに置かれたジャードーは、茹でた豚の分厚い脂身の甘味と相まってとても美味しい一皿だった。

食後、店主らから食にまつわる話などを聞いていると、一人の調理スタッフがジャードーを「メガーラヤのビリヤニです」と説明した。もし仮に、ビリヤニという料理を狭義のムスリムの料理と限定したら、豚、ましてやその血を使うなどタブー中のタブーである。しかし当の作り手本人が「これがビリヤニだ」といえば、ベジ・ビリヤニ同様それもまた新たな一つのビリヤニとして浸透していくものなのだ。「あ、なるほどね」と私は妙に納得してしまった。

シロンで食べた豚の血のビリヤニ

まったく異なるルーツを持ち、まったく別モノの米料理だったはずのものが、ある時期から「ビリヤニ」の名で売られるようになる。それが現代インドの食シーンにおける、ビリヤニというネーミングの持つバリューだろう。それに対して「それは本物じゃない」といった過度な物言いは、インドでは今のところあまり聞かれない。

インドは豊かな米文化の国であり、それぞれの地域でさまざまな米料理が育まれてきた。時代的にもビリヤニが創造されるはるか前、太古の昔からさまざまな米料理があったことが『チャラカの食卓』（伊藤武・香取薫著／出帆新社）などをひもとくとわかる。それらを安易にビリヤニと解釈してしまってもいいものかと躊躇したくもなるが、何よりもインド人自身が実際にこのような「広義の」ビリヤニに分類しているケースは少なくない。

北インドの伝統的ビリヤニ

インドで多様なビリヤニが存在するのは、何もヒンドゥー教徒用にカスタマイズされたり、もともとあった米料理をビリヤニ化したりというイレギュラーな進化によるものだけではない。イスラム教徒本来の、宮廷文化の拡がりと共に花開いていった「正統派」のビリヤニが各地で今も存在する。そしてそれらの地で生まれたビリヤニは、当然のことながらムガル帝国の地理的な勢力圏拡大にともなうもので、各地を治めたナワーブやニザームたちが築き上げた文化の結晶の一つともいえる。

厳密な意味での「本物のビリヤニ」を求めるのならタイムマシンで当時のムガル宮廷に出かけなければならない。しかしそれが非現実的な願望である以上、なるべくオリジナルに近いものを求めたくなるのが人情だ。こうして私たちはビリヤニを求める旅に出る。

まずは個人的嗜好から。北インド、ウッタル・プラデーシュ州の州都ラクナウで食べるビリヤニが、全インド中で最も好きなビリヤニである。ラクナウの旧市街にはイドリース・ビリヤニ、ワヒード・ビリヤニ、ナウシジャーンといった渋い老舗があるが、どこで食

ラクナウの老舗、イドリース・ビリヤニ

べても味がしっかりしていて、とりわけ皿底に沈殿した油が美味い。油はスプーンでは物理的にすくいきれない。皿面のゆるやかなカーブに沿って柔らかな指の腹で拭うようになでる必要がある。そうしていただくのが正しい、かどうかは知らないが、私はそうやっているし、周りを見てもそんな風に丁寧に食べている人は多い。そしてビリヤニに合わせてどうぞ、といわんばかりのコカコーラの二〇〇㎖入りミニボトルがラクナウでは流通していて、油っこくなった口まわりをスカッと爽やかに洗い流してくれる。

ラクナウは十三世紀から永らくムスリムの支配下に置かれてきたが、とりわけムガル時代に帝国から派遣されたペルシア出身の貴族サアーダト・アリー・ハーンが、派遣元のムガル帝国を裏切る形で独立建国したアワド王国時代が有名だ。有力な武将らの離反で弱体

ラクナウの旧市街にはビリヤニの香りが漂っている

化するムガルの首都デリーとは対照的にアワドは繁栄し、芸術・文化が爛熟した。もちろん料理もそうで、この時代に発展した調理技法は「アワド料理」の名で今も広く知れ渡っている。ビリヤニもまた「アワド・ビリヤニ」と呼ばれ、その味を知るものなら誰しもゴクリと唾をのむ。

続いて南インドのハイデラバードに飛びたい。ラクナウと並ぶ、もう一つのビリヤニの聖地である。ラクナウからハイデラバードまでは直行便で二時間。可能であればフライトに乗る直前ギリギリまでラクナウのアワド・ビリヤニを堪能し、着後すぐにハイデラバードのビリヤニ店に駆け込んでほしい。両者の違いが際立って感じられるからだ。

ハイデラバードのビリヤニがラクナウのそれと異なるのはまずそのボリューム感。圧倒的にハイデラバードの方がボリューミーなのだ。大きな容器にてんこ盛りでサーブされたビリヤニをプレートに移し替えて一口食べてみる。油っこさはさほど感じない。ライスは色と味の違う箇所が複数ブレンドされ、その米の食感を柔らかく煮込まれた肉と共に噛みしめる。周りの客たちは卓上に置かれたミルチー・カ・サーラン（青唐辛子とピーナッツ・ペーストの薬味汁）とダヒー・チャトニー（ヨーグルト系の薬味汁）をたっぷりとかけて手食している。

それはあたかも南インドのミールスで、ライスにサンバルをかけているようでもある。確かにそうすることによって爽やかさが増し、小山のようにてんこ盛りだったビリヤニが気づくとなくなっているから不思議である。

ハイデラバードもまた独特のムスリム文化を持つ街である。ハイデラバードを含むデカンの地を支配下に治めた君主ニザームは、代を重ねるにしたがい周辺の王国やイギリスとの衝突の中で領土を拡大させていった。独立後、栄華を誇った商都ハイデラバードには当時のボンベイから多くのイラーニーの実業家が移り住

上／ハイデラバードの名店シャーダーブ
下／ミルチー・カ・サーランとダヒー・チャトニーをかけ、コーラと共に

んできた。やがて彼らはパラダイス・ビリヤニやシャー・ゴウシュ、シャーダーブといった店を作り、ビリヤニの街・ハイデラバードの名を一躍有名にしていく。それにしても、ラクナウとハイデラバード双方の街のビリヤニ発展の背景に、ペルシア＝イランの影響が奇しくも共通しているのは興味深い。

このほか、ムガルの首都だったデリーや米食文化の本場コルカタなどにも独自に進化したビリヤニが存在する。これらの北インドのビリヤニは地域によりそれぞれが個性的だが、共通点もある。それはバスマティ米の使用である。アロマティックな独特の香りを持ち、きれいな曲線を描く長く美しい米こそがビリヤニにふさわしいとされてきた。だが一方、同じインドでありながら、このバスマティ米を使わないビリヤニ文化圏が存在する。それが次に紹介する南インドのビリヤニである。

短粒米のビリヤニ

かつて私は無意識のうちに「ビリヤニ＝北インドの料理」だと思い込んでいた。いまも少なからぬ北インド人が同意見だろう。ビリヤニの発祥の元である、ムガル帝国文化圏の多くが北インドに位置するからだ。しかし南インド各地でさまざまなビリヤニを食べ進めていく中で、その思い込みが視野狭窄だったことに気づいていく。

ケーララ州北部に広がるマラバール地方。そこにララヴィスという地元では名の通ったレストランがある。マラバール・ビリヤニという、当地では有名なビリヤニを注文すると、まずそのビジュアルに驚かされる。さほど大きくはない厚めの陶器皿に、余白を埋めるよう山状にしゃもじで丁寧に成形。その山の頭頂部にぶっ刺すようにスプーンが埋め込まれた状態でドンとテーブルに置かれたのだ。一瞬放心状態に陥るが、気を取り直してワシワシ食べ進めていくと

インパクトのあるララヴィスのビリヤニ

これが美味い。グレービーをまとったホロホロとしたチキンもさることながら、感動したのは全体をおおう米の味である。

このマラバール・ビリヤニに使われている米をカイマ米という。バスマティ米とは打って変わって対照的な短粒米だ。カイマ米がいつ頃からマラバールでポピュラーになったのかは、地元の人たち複数に確認するもわからなかった。もともとは内陸部のワイナード地方で生産していたそうだが、現在では西ベンガル州バルドマンで生産された同種の米が州境を越えて広く流通している。香りのある小さく短い米は、形状が香辛料のクミンに似ていることからジーラカサンバ（ジーラとはクミンの意味）米とも呼ばれる。

マラバール同様、小粒のジーラカサンバ米をビリヤニに使うのが隣のタミル・ナードゥ州である。とりわけタミル中部に位置するディンディガルはタミル・ビリヤニの街として名が通るが、もとを辿れば一軒の老舗食堂にたどり着く。一九五七年にこの地で開業した食堂アーナンダ・ヴィラスは、タミル式のジーラカサンバ米を使ったマトン・ビリヤニを出す、ごくありふれた小さな食堂だった。時を経て、創業者から三代目にあたる現オーナーのナーガスワーミー氏が経営を引き継ぐや急拡大。イギリス留学・実務経験で培った手腕をぞんぶんに発揮したナーガスワーミー氏は、二〇〇九年に祖父の食堂の支店を州都チェンナイの一等地に開設。その後またたく間に国内一〇〇店舗以上、アメリカ、フランス、シンガポールなど海外に九店舗の支店を持つ一大ビリヤニ・チェーンへと成長させた。二〇一三年には店名も「タラッパカッティ・ビリヤニ」へと改名（タラッパカッティとは祖父が愛用していた「ターバン」のタミル語名称）。商標登録して類似店を駆逐した。かくしてディンディガルは同店発祥の地として有名になり、多くの追従するビリヤニ店が誕生することとなる。

面白いのは同店が二〇二三年度中に出店を計画しているハイデラバード支店のメニュー。そ

タラッパカッティ・ビリヤニで食事中の女性たち

こには彼らの持ち味であったはずの短粒米ではなく、長粒のバスマティ米を使ったビリヤニがのっている。彼らなりのローカライズ戦略なのだろうが、バスマティ米ビリヤニの本場ハイデラバードで、同じバスマティ米を用いたタミル・ビリヤニを提供するのはどうなのだろう。続報が気になるところである。

ベンガルールもまた短粒米を使ったビリヤニ店が多い。使用する米はタミルと同じジーラカサンバ米で、製法もタミル式を踏襲している。というか、ベンガルールにはそもそもタミル出身者が多く、タミルの食文化の影響が強い。独立前にイギリスによって都市開発されたベンガルールには、仕事のチャンスを求めて南インド各州から多くの人たちが流入した。現在ベンガルール市の人口の約半数が他州出身者といわれ、さらにそのうちの約半数はタミル系が占めている。

インドのIT産業をけん引するハイテク都市ベンガルールだが、一歩旧市街に入ると創業百年以上のS.G.ラーオ・ミリタリー・ホテルやそこから分裂したというニュー・ゴーヴィンダラーオ・ミリタリー・ホテルといった渋い老舗が点在する。これらの店ではビリヤニはなぜかプラオと呼ばれ、マールーと呼ばれるバウヒニアの葉を数枚編んだ皿にのせて提供される。バナナの葉ではなくバウヒニアのマールーであるところがカルナータカ式。私は仕事がら用いられる皿が気になるが、よく見るとマールーのほか、アレカ（ビンロウ）の葉を加工した小皿が使われることも多いことに気づく。

北インドはおろか日本ですら「バスマティ米にあらずんばビリヤニにあらず」などという説が一部で主張される中、ケーララ、タミル、カルナータカという南インド各地のビリヤニがなぜバスマティ米ではなく短粒米を使い続けるのか。これは推測になるが、南インドという環境はバスマティ米の育成に向かなかったのではないか。そして当初はバスマティ米の代用だったのかもしれない南インド産の香り米で作ったビリヤニが、やがて各地固有の食文化やアイデンティティと結びつき個性豊かな名物料理として花開いていった。そのオルタナティブ

マールー皿にのせられたビリヤニ（プラオ）

な進化と発展の仕方こそ多様なインド食文化の本質そのものであり、「正しい」ビリヤニのあり方というべきなのだ。

もう一つのビリヤニ文化

日本でも朝昼晩でそれぞれ食べるものが異なるように、タミルでも、とりわけベジ（菜食）食堂ではメニューによって提供の時間割が存在する。基本的にパロッタやラヴァ・ドーサ、ボンダ（ジャガイモを具にした揚げ物）、バジ（野菜の揚げ物）は夜、ポンガルやワダなどは朝だけ食べる印象がある（店によって変動アリ）。

南インドといえばバナナの葉にのったミールスが有名だが、ランチ時だけしか提供されないという不文律がどのタミルの食堂にもある。夜にミールスを食べたくても出す店がないのだ。とはいえその理由を

「我々がミールスを夜に食べないのはご飯が重いから。夜は軽く済ませるのが私たちの間では一般的なんですよ」

などとまことしやかに教えてくれたタミル人が、晩ごはんにてんこ盛りのビリヤニをむ

さぼり食べている姿を目撃してしまったこともある。食習慣化した本当の理由など当のタミル人にすらわからないものなのだ。

タミルでビリヤニを注文すると、バナナの葉を敷きその上によそってくれる、あるいは別皿からバナナの葉に自らよそう。この青々としたバナナの葉で食べるビリヤニが情緒があっていい。北インドでは味わえない感覚だ。小高いビリヤニの山を右手で掘り進めると、指先に米粒ではないつるりとした何かが触れる。茹で卵だ。タミルのチキンビリヤニは茹で卵が山に埋まっていることが多いのだ。さらにその底にはホロホロになった存在感あるチキンが。つけあわせのタイール・パチャ

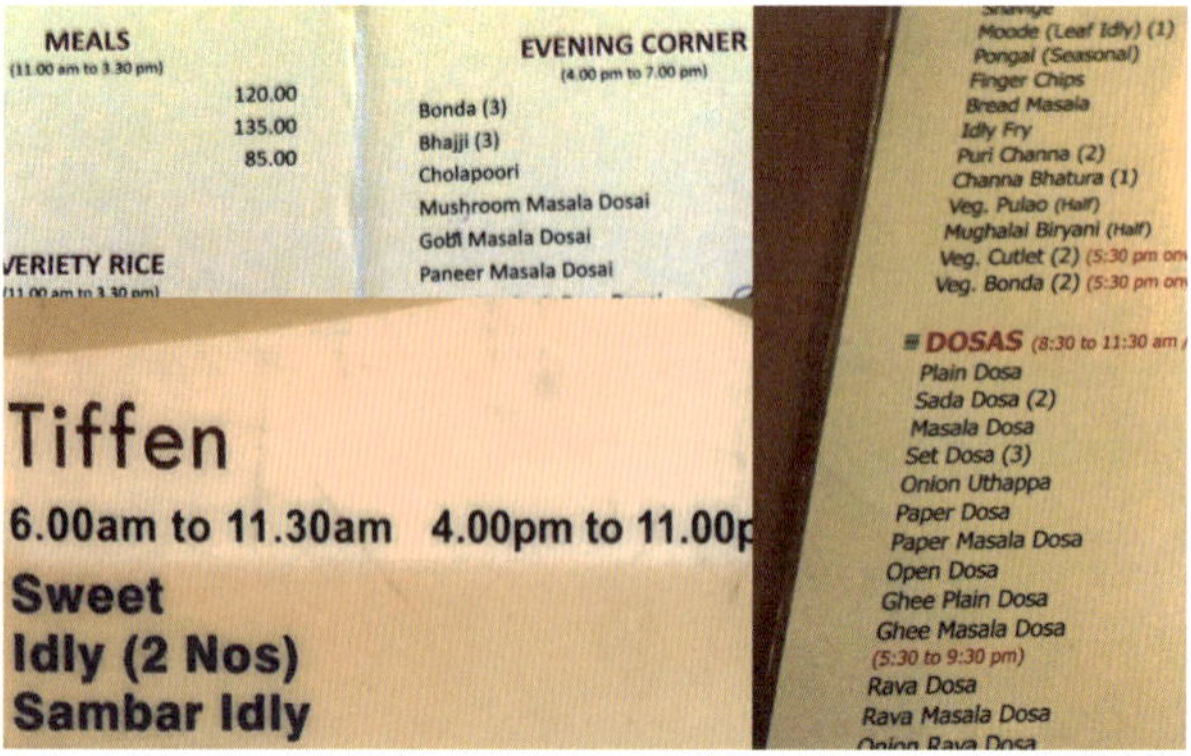

さまざまな食堂のメニュー。提供時間が書いてある

ディ（スライスした玉ねぎとヨーグルトの和えもの）を米に練り込ませながら食べ進めていく。

食事は当然手で食べたい。バナナの葉に盛られたビリヤニをスプーンで食べるのは、例えるなら回らない店で板さんに握ってもらった寿司を、プラスチックの使い捨てフォークでブッ刺して食べるほどの違和感を覚える。チキンの肉片を骨からこそぐようにして外しつつ、団子状にした米と共に口中に素早く放り込むなど手以外に不可能な芸当だ。気がつくとうず高くそびえていたはずのビリヤニの山塊がなだらかな丘になっている。やがてバナナの葉の葉脈に人差し指を這わせて最後の一粒まで丁寧に食べ終えた際に感じる、満腹感とは別の官能的な恍惚感。これこそタミル・ビリヤニの醍醐味だろう。

タミルにはほかにもさまざまな米料理がある。トマトライス、レモンライス、サンバルライス、カードライスなど、その名もズバリ「バラエティー・ライス」と総称されるもの

バナナの葉にのせて提供されるタミルのビリヤニ

だ。大きな食堂のメニューを開くと、文字通りバラエティー豊かなライスがあって楽しい。ビリヤニもまた米料理であり、タミルという米食文化圏でいただくバラエティー・ライスの一つという捉え方もできる。南インドには青マンゴー、タマリンド、トマト、レモンなどで酸味づけした米料理の伝統があり、タミルではプリヨーダライ、アーンドラではプリホラ、カルナータカではプリヨーガレなどと呼ばれる。この「プリ」は酸味を意味し、古くから寺院で神にささげる供物のお下がり、あるいは婚礼の宴席で食べられる吉祥の味として親しまれてきた。食堂のバラエティー・ライスもこのハレの日の伝統料理の延長線上にある。

タミルの食堂で食べたバラエティー・ライスの盛り合わせ

さて、南ではなく東に目を転じてみると、国境をまたいだ向こう側にもう一つの濃密な米食文化圏が見えてくる。バングラディシュである。バングラディシュのビリヤニも南インドと同様、日常食べる米とは別の、チニグラと呼ばれる短粒米を用いる。いい香りのする高級米である。このビリヤニが現地ではどのように食べられているのか、名店の誉れ高いダッカのハッジ・ビリヤニ本店を覗いてみよう。

車の渋滞は誰しも経験あるだろうが、公共の路上で人間が渋滞する光景はそうそうお目にかかれない。オールドダッカと呼ばれる旧市街の午後。狭い道路は車、バス、自転車、リキシャーと通行人たちでごった返し、まるで満員電車の中を牛歩のように歩を進めなければならない。人をかき分け、ほうほうの体でハッジ・ビリヤニ本店にまでたどり着くと店内はもっと混んでいた。満席のテーブルで食べている客の後ろにそれぞれ数人立っている。早く食べ終わりそうな客の背後に立って空くのを待っているのだ。私もある人に狙いを定めて背後に陣取る。ターゲットが隣客と談笑しようものなら「おしゃべりはいいから早く食え」とガンを飛ばす。ようやく自分の番が巡ってきた。確かにバスマティ米とは別種の芳香。小さなチニグラ米はそれ自体が甘く、一口大にカットされたホロホロのマトンとの相性も素晴らしかった。ボルハニという青唐辛子で辛味つけしたヨーグルトドリンクで爽やかに口直ししつつ完食。店頭ではビリヤニが大量に入った巨大な鍋を前にしたベテランの職人が、厚手の陶器皿に慣れた手つきで盛りつけていて、チニグラ米の何ともいえない香りを辺り一面に漂わせていたことを、食後落ち着いて辺りを見回してようやく気づいた。同じ短粒米を使いながら、国境の向こうの南インドとはひと味違うビリヤニ文化が確かに息づいていた。

上／カオスな混み方をするハッジ・ビリヤニ本店
下／バングラディシュのビリヤニはボルハニと共に

ビリヤニのありよう

数日間という短い滞在だったが、かつて一度だけ中東のドバイに行ったことがある。ドバイに立ち寄ったのはもちろんかの地に住み、働くインド人事情が気になったからだ。基本的に私は、インド以外のどんな外国に行ってもその国の中のインド人街にしか興味がない。その点ドバイは、街を歩けばヒンディー語が聞こえてくるぐらいインド人率が高く、私のような在外インド人街マニアにとってたまらない街なのだ。

約三五〇〇万人いるドバイの総人口のうち一五〇〇万人がインド人で、そのおよそ半数の七五万人がケーララ出身者だといわれる。当然街にはケーララ出身者が経営するインド料理店が多い。

このアラブ諸国のケーララ人の多さとも関連して、現在のケーララ州の都市部では至るところにアラブ中東料理店が増えている。それはちょっとしたブームといっていい。ケーララの田舎街を歩くと、周囲の環境から浮いたように立派なお宅が点在している。豪邸の主は、たいていドバイなど湾岸諸国で二〜三〇年という長い間、建築現場などで働いた人たちだ。とりわけ七〇年代以降、ケーララから中東の湾岸産油国へと出稼ぎする人たちが急増。そうした人たちが故郷で余生を過ごしている。あるいは稼いだ金を元手に、地元でアラブ料理店を開業する人もいるという。

実はケーララとアラブのつながりは古い。マラバール地方のムスリムを「マーピラ」と呼ぶ。その語源は、古い時代に海路でアラブからやってきてイスラム教を伝えた人たちとその末裔を指す言葉だった。しかしやがて時代を経て、彼らによって改宗した元異教徒たちをも包括する呼称となっていく。いずれにしても、ケーララの人たちにとってイスラム教とは海路でアラブからダイレクトに伝わったものであり、ムガル帝国その他の中央アジア／西アジアを介して陸路で伝わったものではないと認識されている。ちなみにインドで最も古くモスクが建立された地もケーララである。

こうしたアイデンティティにより、ハレの日のごちそうが北インドで「ムガル帝国＝ムグライ料理」と結びつくように、ケーララの場合アラブ料理に結びつく。アラブとの長い交易に加えて近年の出稼ぎの増加がその憧憬に拍車をかけている。

ケーララの州都コチにあるアラブ料理店ではケバーブやシャワルマといった定番のほか、マンディーやマクルーバといった米料理が新たな主役となりつつある。とはいえメニューを見る限り、いわゆる「ガチな」アラブ料理はまだ少ない。南北のインド料理や中には中華料理までもが微妙に配合された、全方位型メニューなのだ。そんな一軒に入ってマンディーなんかを食べていると、かつてペルシアのポロウがインド化してビリヤニとなったように、いつの日かアラブのマンディーもまたケーララ化してビリヤニとなっていくのではないかなどと思えてくる。

さてしかし、こうした新たなるビリヤニ文化を図らずも生み出しつつあるケーララ州のレストランの厨房内が、必ずしもアラブ勤務経験のあるケーララ出身コックだけで構成されているわけではない点は強調しておきたい。飲食店と

ケーララ州コチのアラブ料理店で食べたマンディーはビリヤニとほぼ同じ味

いうよりむしろケーララ州内全体の産業でいま、急速に労働力が空洞化している。それは食べ歩きをしていると如実に実感する。

ある朝ケーララ州北部のカンヌールにある、とある老舗食堂で朝食を食べ終えた私は、すすめられるがまま厨房内を見学させてもらった。するとそこで働いていたのはほぼ全員ケーララ州外から来ている労働者だった。ほかの店も西ベンガルやオディシャ、ビハール州出身のムスリムを雇っていたが、中にはネパール人を雇っているところも多かった。勤続年数も長く、ケーララ特有の柔らかいテクスチャーが持ち味のパロッタを慣れた手つきで焼き上げていたネパール人は、当然のように地元の言葉マラーヤラム語も堪能だった。今やこうした外部の人材なしにケーララで飲食店を経営することは出来ない。地元ケーララの若者は皆、ドバイをはじめとする海外に出るか、ホワイトカラー職を目指して進学するからだ。

しかしそんな状況がいつまで続くだろう。やがてベンガルやビハール、ネパールといった地域が経済成長していけば、当然わざわざケーララまで出稼ぎに来る必要はなくなる。

その時、一体誰がこのケーララの美味いパロッタを焼いてくれるのだろう。

かつてケーララの人たちが、ドバイ出稼ぎで貯めた資金を元手に地元でアラブレストランを開業したように、ケーララの地で働いている彼らが故郷に戻ってケーララ料理店をはじめる場合だってあるはずだ。そこで出されるビリヤニは、ケーララ式でありながら、どこかベンガルやビハール、ネパール人の口に合わせたものになるのだろう。人の流れや時流、流行りや開業地に左右されながら、ビリヤニはいかようにも千変万化していく。

ケーララの食堂で働くネパール人（左）は多い

北インド／ハッジ・シャブラティー

　小さなガスコンロにかけられた、年季の入ったフライパン。そこに一〇〇グラムものバターがドーンと投入された。フライパンの底で四角いバターはゆっくりと回転しながら液体になっていく。やがてフツフツと沸騰がはじまると、職人はフライパンをコンロから外して盛りつけられたニハーリーの上にやおらぶっかけた。ラス（煮汁）とバターとがまじわったバターの気泡が、ジュワジュワと鋭い音を立てて噴きあがる。と同時になんともいえぬ香りがあたりに立ちこめる。これが、私がデリーに立ち寄ったら必ず行くハッジ・シャブラティーでの「朝の」一コマだ。

　ヒンドゥー教徒が多数派のインドにあって、その総人口の一割を占めるのがイスラム教徒だ。総人口の一割というといかにもマイノリティーのように感じるが、人口十四億の一割だからそのへんの国家よりもはるかに多い。そしてその多くが、かつてイスラム王朝が存在した北インドに集住している。中でもデリー旧市街は、建造物や歩く人々の姿の中に残り香のようなムガルの面影がそこここに色濃く存在し、まるで中世の街を歩いているかのような錯覚に陥る。

　そんなムスリム臭の強い通りの奥に目指すハッジ・シャブラティーはある。朝の礼拝を終えたイスラム教徒たちのために、早朝五時から営業しているこの店で食べるべきはニハーリー一択。ニハーリーとは元来「朝方にものを食べていない状態」を指すペルシア語で、英語のブレックファーストと同様、朝方に食べる食事を指すようになった。前夜から弱火でゆっくりと煮込まれたマトンの肉は大きな鍋の中で溶解し、脂肪から染み出た脂が煮汁にたっぷりと溶けている。

この脂っこい一皿を、タンドール窯で焼いたローティーと共にいただくのがこの界隈の朝の定番。ハッジ・シャブラティーが独特なのは、そこにバターをかけるサービスがあること。そんなサービスをしている店はほかにはない。ただでさえ脂っこいニハーリーに、いわば「追い油」をかけるようなものである。

バターはヒンドゥー教徒が最も神聖視する牛からの恩恵。それをイスラム教徒の定番朝食にジョバジョバかけるのは、あたかも皿の中でヒンドゥーとムスリムという二つの異文化が融合しているかのようだ。かつてインドには「ヒンドゥー・ムスリム・バーイーバーイー（ヒンドゥー教徒とイスラム教徒は兄弟）」というスローガンがあった。現政権の推し進める分断政治のせいでそれがすっかり死語となった今、かつての融和的精神はこの皿の中にしかないのではないかと、沸騰するバターの浮く表面をしばし見つめた。

タンドリー・チキン

タンドリー・チキンの謎

かつて「ビフテキ」や「すき焼き」は昭和世代にとってごちそうの代表格だった。今だったら何がそれに該当するだろう。食の嗜好が多様化する中で、理想的なごちそう像も多様化しているのかもしれない。ふと、そんな誰もが思い浮かべるごちそうイメージに該当するインド料理が果たして何かと考えた時に、ビリヤニと並んで浮かび上がるのがタンドリー・チキンではなかろうか。タンドール（窯）で焼かれたばかりの、表面に沁み出る油がまだジュワっと音を立てて沸騰している丸鶏が卓に置かれる。指先の軽い火傷と闘いながら、骨まわりにみっしりついた肉塊にかぶりつく。インド特有の弾力性のある鶏の肉質を、鼻腔の奥に広がるスパイスの香りと共に心ゆくまで咀嚼するときのあの多幸感といったら。

ニューデリーの繁華街、コンノート・プレースの一角に、アーナンド・レストランという古くからある食堂がある。ここのタンドリー・チキンはそんな絵に描いたようなビジュアルと味をしている。店の雰囲気とも相まって、その「クラッシック」で「伝統的な」タンドリー・チキンを時々思い出しては無性にかぶりつきたくなる衝動にかられる。このインドを代表するごちそうの歴史は、しかし実はさほど古くない。伝統的でもクラッシックでもなかったりするのだ。

タンドリー・チキンが「発明」されたのは、北デリーのダリヤガンジに店舗を構える「バターチキン発祥の店」としても名高いモーティ

アーナンド・レストランのタンドリー・チキン

ー・マハルである話は有名だ。そもそもバターチキンとは、バターベースのグレービーソースにカットしたタンドリー・チキンを投入した料理であり、創業者クンダン・ラールはバターチキンのみならずタンドリー・チキンの発明者でもあるのだ。

独立前、モーティー・マハルという名で現在のパキスタン西部の街ペシャーワルで営業していたクンダン・ラールは、印パの独立・分断後はデリーへと移り同じ名前で複数の共同経営者とともに店を再開。そこで出されたタンドリー・チキンは、やがて国の公式晩餐料理化するほどのメジャーな料理へと「出世」していく。しかしその後同店は経営難に陥り、九〇年代初頭に実業家ヴィノード・チャダーへと売却・譲渡された。この辺の流れは『食から描くインド』（春風社）の中の山田桂子先生による論考が詳しい。譲渡後も同じ店名で経営は続き、あたかも初代の味を継承しているかのようなイメージがもたれているが、味もレシピもかなり変容したという。経営者が替わり、店名・メニュー名はそのままなのに中のコックが交替したため味が変わった居抜き店の例は日本のインド・ネパール料理店でもよく見られる。モーティー・マハルも同じなのだ。

さて、同書で山田先生も疑問を呈するように、タンドリー・チキンが一個人によって

「発明」された料理なのかどうか。私も読んでいてその箇所が気になった。タンドールという設備自体は特段、目新しいものではない。ナンを作るための調理設備として粘土をこねて壺型に成形したものは「タヌール」の名で現在のイランあたりで発祥し、中央アジアを経てムガル帝国時代にインドへと伝わり「タンドール」と呼ばれるようになった。しかしそれよりはるか昔、先史時代に既に人類はタンドールに似た形状の窯を用いて小麦の生地を焼いて食べていたことが遺跡から判明している。問題はこの「タンドール」で、串に刺した鶏肉を焼く」調理法である。先史時代から存在する、この加熱調理設備で肉を焼くという、ただそれだけの行為が二〇世紀になって初めて考案される、などということが果たしてあり得るのだろうか？

炭焼台の上で串刺し肉を焼くカバー

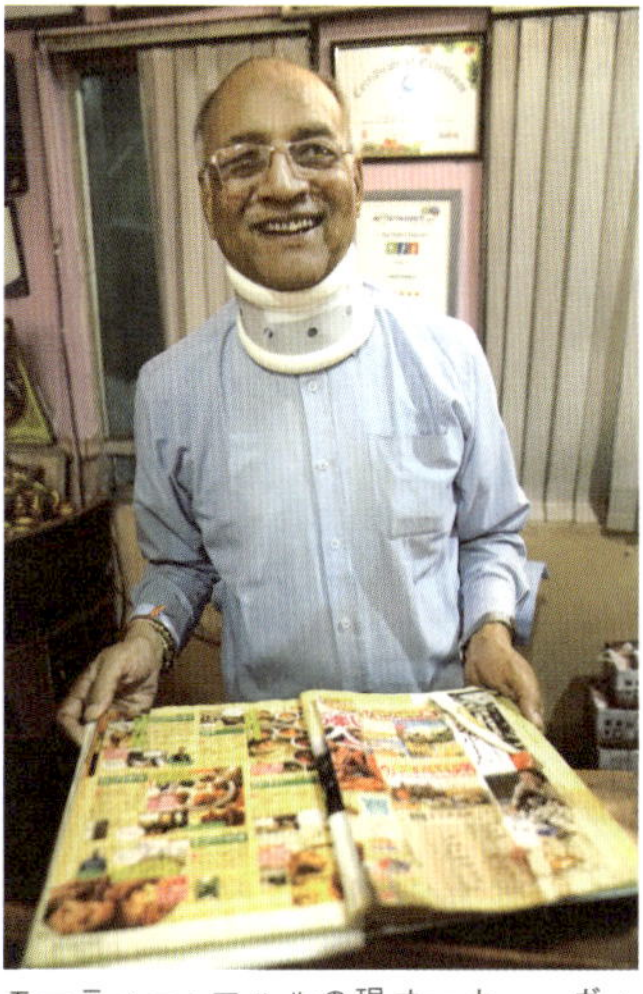

モーティー・マハルの現オーナー、ヴィノード・チャダー氏

ブという料理は中東からインド亜大陸にかけて広くみられる。単純にいえばタンドリー・チキンとは熱源をこの炭焼台からタンドールに置き換えたものだ。タンドールというまろやかな熱源をみれば、ナンのみならず肉や野菜をもあぶってみたくなるのは人として当然の衝動だろう。人はナンのみで生きるにあらず。ましてあのインド人が「これはナンを焼くためだけの道具ですよ、ほかのものを焼いちゃダメですよ」といわれ「はい、わかりました」と素直にしたがっていたとは思えない。

ナンの項で紹介した、街中にあるナン屋（ナンバーイー）は確かにナン類しか作っていなかった。しかしそれは、例えば欧米のケーキ屋がいくら立派なオーブンを持っているからといってそこで肉や魚まで焼いて販売しないのと同じ理由だ。ケーキ屋のオーブンはケーキを焼くため

インドのバザールを歩くと、至るところから鶏を焼くいい香りが漂う

にあり、ピザ屋のオーブンはピザのみを焼くためにある。

前述のとおり、インドのタンドールをさかのぼるとイランや中央アジアのタヌールにたどり着く。タヌールは現在でもイランや中央アジアで活躍する調理設備である。インドでは鶏肉も焼く設備となったタンドールは、その源流となるイランや中央アジアでもやはり鶏肉の調理に使われているのか、それともやっぱりナンだけを焼くものなのか。さまざまな国と地続きでつながっているインドは、単に行政的に引かれているだけの現在の国境線の内側だけみていてもなかなか真相までたどり着かない。タンドリー・チキンの謎を解くために、私たちは国境線の外側へと旅してみなくてはならないのだ。

タンドール料理の源流

「インドでタンドールがある家庭は富裕層だけ。だからナンやタンドリー・チキンは一般家庭には浸透しておらず、庶民はチャパティを食べる」

これは高級路線のインド料理店が世に出ていく過程で創り出されたある種の物語である。提供する料理の付加価値を高めるために、タンドールという調理設備そのものにも「高級な」イメージが付与されたのだろう。確かにかつて一度だけ、インドの大金持ちの邸宅でホームパーティー用の「自家製」タンドールを見たことがある。ただしそれはかなりイレギュラーなケースで、一般的にインドでは庶民層・富裕層問わず自宅にタンドールを所有する人は少ない。では、インドの外側ではどうだろう？

インドで使われているタンドールの源流をたどっていくと、イランやアフガニスタンで現在も厨房設備として日常的に使用されているタヌールに行きつく。残念ながら私はイランやアフガニスタンで直接目にしたことはないが、写真や動画で見る限りその構造は床下を掘り、捏ねた粘土をスレート状にして敷き詰めて大きな壺状にするだけの至ってシンプルなもので、とても「富裕層クラスだけ」が所有する特別な設備とは思えない。日本国内で知り合ったイランやアフガニスタン出身者に聞くと、テヘランやカーブルなどの都市部の狭小住宅では設置されないが、農村部では今も現役で活躍する、あたかも日本の囲炉裏《いろり》のような存在のようである。一部の遊牧民などの非定住者を除き、タヌールはきわめて日常的な調理設備であり、決して富裕層だけのものではない。むしろ逆だ。

食事時が近づくと各家に備えられたタヌール内に薪火が投入され、火の勢いが安定した頃合いを見計らって内壁にナンが貼りつけられて焼かれる。それがイランやアフガニスタンの農村部の日常風景だ。しかしタヌールでの調理はそれだけで終わらない。せっかくわざわざ火おこしして作った火種をなるべく長く有効利用するべく、さまざまなものが調理される。アフガニスタンでは、タヌールの開口部に鉄棒を渡してヤカンを置くのはごく当たり前。ナンを焼き終えたタヌールの内部の火床に五徳を置き、その上にディグ（鍋）を置いてシュルヴァ（スープ）や肉野菜の煮込みまで作ってしまう。ガスコンロのように、調理が済めばつまみをひねってパッと消火出来るわけではないのだ。土製の壺にトウモロコシ、豆、小麦粒を入れてフタをし、練った小麦生地で密閉して火

デリーのアフガン人居住区にあるアフガン人ナン屋

床に置いておくと、翌朝には柔らかく蒸しあがっている。これは現地では「ダム・カルダン」と呼ばれる調理法だが、同様の長時間調理をインドでは「ダム・プクト」と呼ぶ（参照『アフガニスタンの料理 ―ナンとタヌール・めしとかまど―』柳本杳美著）。またイランの田舎でも朝方、タヌール内の残り火に金属製の容器に入れたジャガイモやトウモロコシを置いて温め、バターを塗って朝食にする食べ方があるという。これなどは石焼きいもに近い。

話をタンドリー・チキンに戻すと、かのクンダン・ラールが「発明」したとされるタンドリー・チキンは、元来ナンを焼くための設備であるタンドールで鶏肉を焼いた点が斬新だとされた。しかし少なくともアフガニスタンの例をみると、タヌールの中でこのように（鍋料理ではあるが）肉料理が日常的に作られているのである。インドの大衆食堂の厨房をみるとわかるが、肉料理を調理する鍋とタンドールは隣接している。ニハーリーを調理する鍋の隣では、別の調理人がタンドールでナンを焼いているのだ。つまりナンバーイーのような専門業者と違って、食堂の厨房内にはナンを捏ねる前の生地と調理される前の肉類とがきわめて近い場所に配置されている。さらにクンダン・ラールが生まれ育ったアフガニスタン文化の中心地ペシャーワルは羊の串焼きが名物だ。今もペシャーワルにはナマク・

マンディーと呼ばれる食堂地区があり、通りの左右を埋める串焼き屋から昼夜を問わず羊を焼く煙がもうもうと立ちこめていて通行に支障が出るほどである。

つまりもともと自宅のタヌールで肉料理をする習慣のあるアフガニスタン文化の只中で生まれ育ったクンダン・ラール が、やはり当地の名物である羊の串焼きを焼くような感覚で、タンドールの中で鶏を焼くようになったというのはある意味ごく自然な流れだと思われる。おそらくこれがタンドリー・チキン「発明」の背景だろう。

しかしそこでまた一つ新たな疑問が湧きおこる。一台の

上／肉を焼く煙で通行に支障が出るペシャーワルのナマク・マンディー
下／パキスタン・バローチの豪快な鶏の串焼き料理サッジー

タンドールで調理時間の異なるナンと鶏を同時に焼くことは難しいのではないだろうか。そう思って、かつてデリーの名店カリームのタンドール番として勤務していた経歴を持つ、東京・大森のインド料理店Mashalのフセインさんに話を聞いてみると、こう教えてくれた。

「カリームの厨房ではナンやローティー用のタンドールとタンドリー・チキン用のタンドールとが別々に存在していました」

インドではある程度の規模の店ならナン用とチキン用とで二台のタンドールを使うのだ。ちなみに焼きあがったタンドリー・チキンはナンではなくタワー（鉄板）で焼くルマーリー・ローティー（布のように生地の薄いローティー）と合わせるのが一般的である。

厨房内の面積的な問題もあって、日本のインド料理店ではタンドールはたいてい一台のみ。その一台のタンドールをうまくやりくりしながらナンとチキン、さらにはパニールや野菜などを焼き分けている。さらに一部の店の中にはあらかじめタンドールで焼いたチキンを冷蔵し、客の注文が入ると油を数滴ふってレンジでチンして出すような店も少なくないそうである。

タンドリー・チキンの最適解

タンドリー・チキンの調理手順はさほど複雑ではない。香辛料入りのヨーグルトでマリネした鶏を串に刺し、熱せられたタンドールの中に投入。香ばしくなる頃合いを見計らって取り出せば完成となる。その際注意するのは事前に鶏の皮を取ってしまうこと。残しておくとその部分が焼けて黒く焦げてしまうからであるが、焼き物だけでなく、例えば煮込み料理でも鶏皮を剥いでしまうインド人は少なくない。その理由を当のインド人たちに聞いてみると人によって答えが千差万別なのが実にインドらしい。いわく「ゴムみたいで食感が損なわれる」「不潔だから」「臭い」「気持ち悪い」「そもそも食べたことがないから味を知らない」という人から、中には鶏皮は「ハラームだから」「不浄だから」という人まている。

宗教的な理由に関連して、ある知り合いのネパール人（ネワール族）が教えてくれた話だが、幼少期、彼女のネパールの自宅には時々儀礼のため儀礼僧を招いていた。僧は厳格な宗教上の理由で鶏肉を決して口にしなかった。しかし鴨肉ならば宗教上何の問題もないらしく、鴨料理を出したら美味しそうに食べていたという。鶏と鴨の間にどれほどの宗教的差異があるのか、その知人は成人した今もってわからないという。極端な例かもしれないが、食肉に対する宗教上の規制などというものは、見方を変えればそれほど不自然かつ滑稽なものなのだ。

現在ではインドも他国同様、鶏は大規模処理施設でまるで工業製品のように加工処理される。成長したブロイラーはケージに入れてトラックで陸送され、食肉処理場内で両脚を固定し逆さづりされベルトコンベアで運ばれ、ムスリムの作業員が一羽一羽首に刃物を入れて絶命（他国ではこの工程も無人機械化しているが、イスラム教徒の購買層が多いインドでは彼らの教義にしたがった、つまりハラールな屠殺の仕方をしなければならない）させたのち、熱湯噴射し洗浄して羽を除去。内臓と頭、脚を取り除いて梱包され市場へと出荷されていく。この過程では皮は残したままである。

この大規模な加工とは対照的に、今も街中のバザールには生きた鶏をケージに入れて販

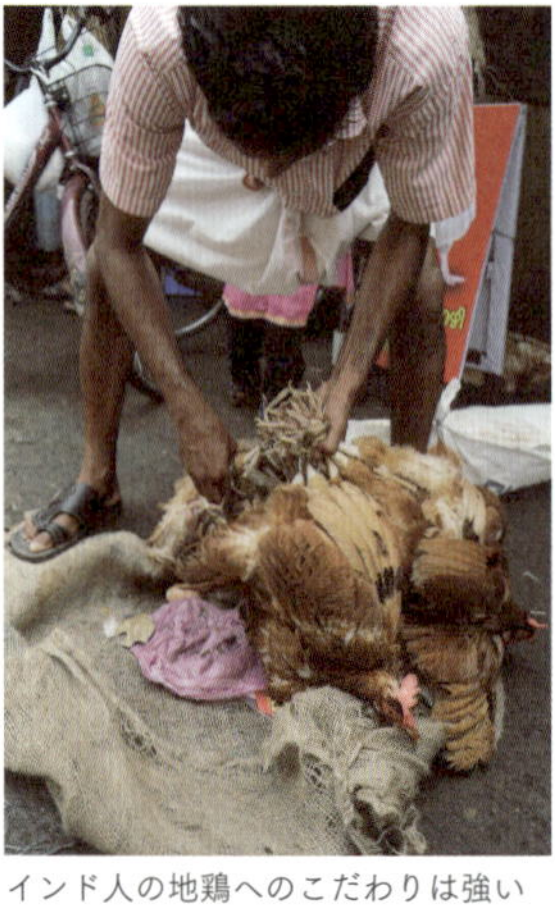
インド人の地鶏へのこだわりは強い

売している個人経営の肉屋が多い。注文するとその場で〆て羽を除去し、丸太のまな板に太い包丁で叩くようにぶつ切りにして袋詰めしてくれる。この羽の除去に際し、毟るのではなく皮ごと捨て去ってしまうやり方があるのだという。皮はそもそも食べない人が多く、その方が作業も早い。だからこのようにして購入した鶏肉には最初から皮はついていない（いえば皮も入れてくれる）。

ただしインドは広く、鶏皮を問題なく食べるという人もまた多数存在する。それもどちらかというと南部から東部、北東部にそのような人が多い印象だ。もちろん同じ地域内でも食べる人と食べない人とがいるから一概にいえないが、鶏の皮を食べるかどうかでインド地図を色分けしてみるのも面白いかもしれない。さらにインド人が鶏を見る際に重視しているのがデーシーかどうかという点。デーシーとは語義的には「国内

足の親指で挟んだ包丁で素早く鶏をカットするデリーの肉屋

の」といった意味で、パルデーシー（外国産）と対になる言葉だが、鶏の場合に限ればブロイラーに対する地鶏といった意味で使われる。狭いケージで不健康に太らされたブロイラーよりも、大地を走って身の引き締まった地鶏の方が美味いと感じる感覚は日本人とも共通するだろう。インド人は何よりこのデーシー・チキンが好きなのである。

さらに日印の比較でいえば、インドでは丸鶏（フル）またはその半分（ハーフ）をシーク（串）に差してタンドールに投入するが、日本では骨つきのもも肉が使われることが多い。バターチキンなどと同様、個人用に小さなポーションで作るケースが日本では多いためであり、一方インドでは大きなものを複数人で取り分けて食べるためである。また鶏を香辛料入りのヨーグルトでマリネする際、インドはそこにさらに食紅を投入して仕上がりを赤くするのを好む。一方、日本ではせいぜいパプリカ程

鶏をむさぼり食べるインドの青年たち

度であまり赤々と色付けしたものは見られない。

近年、ガス式のタンドールも増えてきている。とりわけ専門業者であるナンバーイーのタンドールは鉄製のガス式であるところが多い。その方が効率よく何枚ものナンを焼けるからだ。一方、タンドール料理を出す店はガスではなく炭を燃料に使うところが多い。これはガス設備の未整備のためというより、炭火の方が美味しく出来ると思われているからである。一部のヒンドゥー教徒の中にガス火の調理を「ガス臭くなる」といって嫌がる人もいる。彼らにとっては炭や薪火での調理が理想なのである。

結論として「皮を剥いだデーシー・チキンを、炭火燃料を用いた素焼き製のタンドールでじっくりと焼き、食紅で赤く色づけされた一羽ないし半羽で提供される」タンドリー・チキンが、現時点でのインド人にとって最適解ということになる。もちろん食の嗜好は時代や調理環境によって移り変わるから、今後それがどのように変化し解釈されていくのかは未知数ではあるのだが。

ターリー

インド食器仕入れ話

私はインド食器輸入販売業という特殊な業務をなりわいとしていて、基本的にインドに行くのも「食器の仕入れ」が主目的、ということになっている。だからいつでも食器にはアンテナを張っていて、西にニューモデルの皿が出たぞと聞けば行って確かめ、東にクラッシックな器があるぞと聞けば行って値切ってみたりする。そんな風に広いインドを東奔西走し食器問屋巡りしつつ、その合間を縫って各地の名物料理に舌鼓を打っている。それがインドにおける私の平均的な日々である（各地の名物料理に舌鼓を打つ合間に食器の仕入れをしているわけでは決してない）。

東奔西走とはいいながら、主だった仕入れ先は実はほぼ決まっていたりする。大都市部である。ヒトとカネが集まるところには当然モノも集まってくる。食器もまた然り。特にインドは大まかに北インド文化圏と南インド文化圏とに分けられ、北インドの中心都市デリーと、南インドの中心都市チェンナイさえ押さえておけば大概のものは手に入る。というわけでデリーとチェンナイ双方の都市の問屋街には二〇年来のなじみの業者が軒を連ねていて、行くと彼らは「おお、また来たな」などといいながら、まずチャイか冷たいコーラを出して互いの近況、政治や物価上昇への不平不満なんかを導入部にゆっくりと商談に入っていく。こういう商習慣は、おそらくインドを含む亜大陸各地で悠久の昔から連綿と続いてきたものであり、あたかも自分がその一部に組み込まれたような錯覚がしてきて何とも感慨深いものがある。

さて、そんな問屋街で山積みになっているインド食器の中から、私が最も大量に仕入れるのが皿である。小皿・大皿・装飾皿など形状・用途はさまざまだが、

ゆっくりとした商談はインド商人たちの悠久の時間を感じさせる

バターチキンの項で説明した通り、インドの食事は料理を自らの皿に取り分け、その中で主食と主菜・副菜を右手で混ぜ合わせたのち，めいめいの口へと食べ物を運ぶことを特徴とする。ステンレスであれ青銅製であれ、または葉の皿であれインド亜大陸はその一点において共通するのだ。

この皿をヒンディー語で「ターリー」と呼ぶ（タミル語では「タットゥ」）。日本では、例えば丼が食器としての用途だけでなく○○丼という料理名にもなるように、ターリーもまた単に食器としての皿のほかに、そこに盛り付けられた一皿料理の名も兼ねる。しばしば「定食」と訳されるこのターリーこそ、北インドの外食店料理を象徴する存在だ。

北インドのターリー

なお、北インドでは一皿料理を「皿（ターリー）」と呼ぶのに南インドでは同じ皿を意味する「タットゥ」ではなく英語の、しかも本来「食事」を意味する「ミールス」という呼び名が使われるようになった経緯の中に、もしかしたら北インドと南インドの食事観の違いを解き明かす鍵がひそんでいるかもしれないし、ひそんでいないかもしれない。いずれにしても、北インドにおけるさまざまな一皿料理を求める旅に出る前に、もう少し食器としてのターリーについて情報を入れておきたい。

現代のインドではステンレス製のターリーが広く使われている。形は円形のものが多いが、四角いものもある。窪みをつけて一枚の中にライスを置くスペース、カレーや漬け物、ヨーグルトや輪切り大根のサラダなどを置くスペースを仕切ったものもあれば、カレーやヨーグルトを小皿に入れてのせる仕切りのないフラットなタイプのターリーもある。どちらが上等だとかよそ行きだとかの違いはないが、より大量の客が回転する食堂では一枚もののターリーが使われがちである。

例えばスィク教寺院で日々行われているランガルという集団共食がある。セワと呼ばれる無償のボランティアが身分や性別の隔てなく共同で調理作業し、一列に並んだ参拝者に対し施食をする宗教行為であるが、ここで用いられるのが一枚もののターリーである。寺院には一日に数千・数万という参拝者が訪れる。彼らに対して一々小皿に盛り分けていたら間に合わない。食後の洗浄も大変である。その点、一枚ものターリーは扱いも洗浄も楽で収納もしやすい。大変実用的なのだ。

一方、一皿の中にたくさんの料理を置きたい場合はどうだろう。特に汁気の多い、サラサラしたタイプの汁物料理だとターリーの中であっちこっちに流れてしまう。また汁物が一種類だけならまだしも、複数の汁物がある場合、汁と汁が混ざり合ってしまう。日本人の一部には「インド料理は食べる際に全部のおかずを一気に混ぜる」などと誤解している人もいるが、インド人は一つ一つの汁物を基本的に別々に味わい、食べる順序もある程度決まっている。だから多品種のおかずを食べる時には平たいターリ

上／スィク教寺院におけるランガルの様子
下／一枚もののターリーは洗浄しやすく実用的

ーの中に数個のカトリを置き、汁物をそこに入れる。グジャラートに行くと大きなターリーの中にたくさんのカトリが置かれていて壮観である。このように、ターリーといっても一枚型とカトリ併用型とでかなり印象が異なるのがお分かりいただけるだろう。

さまざまな材質のターリー

ターリーという料理を巡る旅に出る前に、食器としてのターリーについてもう少し深掘りしてみたい。インドの問屋街はたいてい旧市街にある。ステンレス食器が山積みになった、その古めかしい外観をみているといかにもインドでは古くからステンレス食器が使われてきたかのように錯覚するが、実はそもそもステンレス鋼材は約百年前に「発明」された新しい金属である。さらにそれがインドで食器として一般化されるようになったのは一九七〇年代以降といわれる。ここ五〇年ぐらいの出来事なのだ。

品数豊かなグジャラートのターリー

ではステンレス食器が出回る以前、どんな素材によってターリーは作られていたのだろう。アルミ製だったというインド人もいるが、アルミニウムもインドに製造工場が設立されたのは一九三〇年代。製品として一般化したのは独立後で、これまた比較的新しい素材である。そのさらに前は真鍮製、青銅製、また一部の富裕層は銅製や銀製のターリーを使っていた。これらの金属はすぐに黒ずんだり、酸味のある食材に弱いなど使い勝手が悪かった。とある業界関係者によると、インドでステンレスのターリーが最初に広まったのは、タマリンドなど酸味食材を多用する南インド文化圏においてだという。

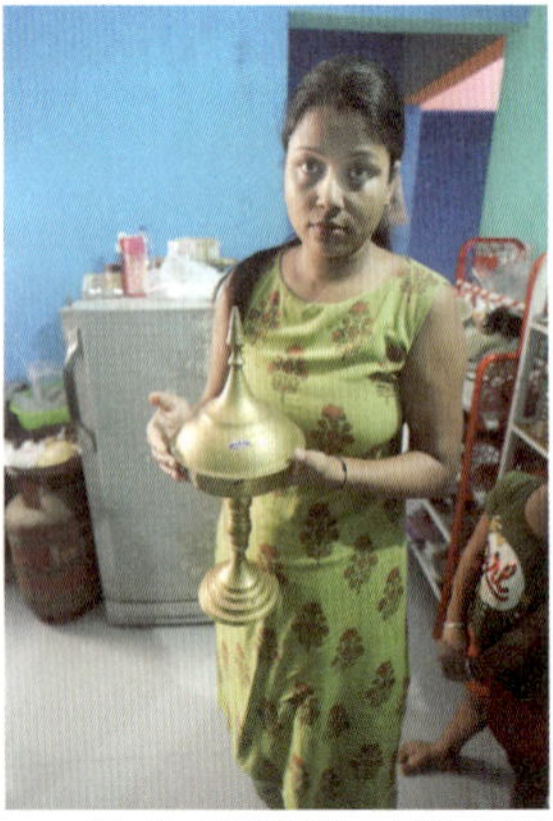
アッサム州では青銅製の食器が日常使いされている

真鍮製にしろ青銅製にしろ、今でも高価な金属である。とても昔のインドで全ての家庭に行き渡っていたとは思えない。ではどんな材質の皿が使われていたかを調べようとしても、王族や貴族らと違ってなかなか昔の庶民層の日常生活を詳しく記述した文献は見当たらない。そんな中、一つのヒントになったのはあるケーララの農村部出身という知人の話である。彼の幼少期、自宅には金属製のターリーなどなかったという。では何で出来たターリーを使っていたのかというと「素焼きの皿を使っていた」と彼はいうのだ。

「すぐに割れるんじゃないかって？　もちろん落っことしたら割れるけど、日常的に使うぶんにはそんなにもろいものじゃなかったよ。素焼きの鍋なんかは毎日使えば使うほど強度は上がる。火にかけていると（土の）密度が濃くなるからだろうね。素焼きの皿もそれに近いんじゃない？」

土製のターリーなど、食べているうちに表面の土が溶解して料理の中に入ったりしないかと不安になるが、インドの場合大地母神信仰があるせいか土そのものをありがたがる傾向もある。「土の香り」などという表現はインドの至るところで耳にするし、最近都市部で流行している「タンドリー・チャイ」なる

地方では素焼きの調理器具が今も活躍している

珍妙な飲み物は、タンドール内で熱した素焼きの器にチャイを注ぎ、土の味を存分にまとわせて客に飲ませる。いわば土の味を隠し味にしている商品だ。

このほか、南インドでは有名なバナナの葉などの葉皿も古くから存在していたが、それはあくまで儀礼時や来客時といった特別に場でのみ使用され、日常的に葉が使われていたわけではないという。またバナナだけでなく、インドでは実にさまざまな植物の葉が皿として利用されている。

食器に限らず、街中で民具や民芸品を見かけて興味を持ったら、その製造現場を訪ねる旅もまた面白い。何気なく店の棚に置かれている商品が、どんな場所でどんな人々によって作られているのか。そこには普段表に出てくることのない、人知れぬ奥の世界がある。私は仕事上の必然性というより単なる好奇心から、ターリーがどのように作られているかを見に行くことが多い。

北インドでターリーが製造されている街として有名なのがウッタル・プラデーシュ州ムラダバードである。首都デリーから列車に揺られて約五時間。小さな駅を降りて旧市街を奥へ奥へと歩いて行くと、どこからともなく「トンテンカーン、トンテンカーン」という音が聞こえてくる。銅や真鍮などの板を叩いて延ばしているのだ。金属そのものをムラダバードという街で産出しているわけではないのだが、ムガル帝国時代から金属加工業の街として知られ、旧市街には小さな工房が無数に軒を連ねている。

面白いのは、あたかも街全体が一つの工場のように分業している点だ。ある地区に行くと倉庫のような店舗で皿の原料となるさまざまな金属板や金属片を販売する業者、ある地区に行くと金属片を炉で溶かし、型に入れてプレス成形するダラーイーと呼ばれる業者、ある地区に行くと木槌でその金属板を叩いて延ばすタテーラーと呼ばれる業者など、各地区で作業が分担されている。職人たちの間にも微妙な宗教的すみ分けがあって、タテーラーはヒンドゥー教徒でも参入しているが、ダラーイーはほとんどがムスリムである。作っているのはもちろん食器ばかりでなく、ありとあらゆ

ムラダバードの金属加工工場

る金属工芸品。だからたとえムスリムの職人であっても、ヒンドゥー教の神像を額に汗して作っていたりする光景がみえる。昨今の右傾化する政治家たちにあおられた宗教対立とは無縁の、本来の融和的なインドの姿がそこにはある。

こんな風に、インドで食器が誰の手でどのように製造されているのかを目の当たりにするのは興味がつきないのだが、やはり食器だけ見ているとどうしてもそこにのる料理を想像して腹が減ってくる。いよいよ一皿料理としてのターリーを巡る旅に出る番である。

ヒンドゥー教用の法具類を作るムスリム職人

インド各地のターリー

北インドにある多くの大衆食堂では、一皿料理であるターリーの中身が何かなど説明しない。せいぜいベジ（菜食）かノンベジ（非菜食）かの違いぐらいだろう。客の中には「今日はどんなサブジー（おかず）だ、そのサブジーじゃなくあのサブジーにしてくれ」などと店側に要求する、日本的感覚からすると「面倒くさい」人が多いのだが、その一方で何もいわず黙々と食べて帰る客もまた少なくない。

一口にターリーといっても広大なインドは各地で個性が異なる。どの地方に行けばどんなターリーに出会えるのかという傾向がわかれば、目的地選びの対策が講じやすい。そこでここでは、インドの各地域で食べられるターリーについてご案内したい。

まずはグジャラート州。西インドに位置するこの地域におけるターリーは、のるおかずの品数の多彩さという点でインド随一だろう。サーブ方法も独特で、おかず一品につき一人の給仕係が代わる代わるテーブル前まで

グジャラートのターリー

あらわれて、一つずつターリーに盛りつけていく。給仕係といっても年齢差はバラバラで、初々しい少年がドークラを置いてくれたあとに、同じ制服を着た疲れた顔のおじさんがウンディユを置いていく。若々しい少年たちと同じぐらいの背丈のおじさんの後ろ姿に色濃く漂う哀愁。そんなところも見どころかもしれない。

店にもよるが、グジャラーティー・ターリーの平均的な品数は一五〜二〇品前後。そのうちカトリ（小皿）に入っているのはダールやカリー、シャークと呼ばれる汁物料理。種類の多さもさることながら、初めての人が一口食べて面食らうのはその甘さ。グジャラートの人たちは甘いおかずでローティーやライスを食べるのだ。ちなみにこのような品数の多いターリーは外食店の特徴で、一般家庭ではこんなに多品目のターリーは作らない。

甘いターリーといえばマハーラーシュトラもそうである。他州から来たインド人のなかには「こんなターリー、俺は食えん」と手をつけられない人がいるほど甘い。インド料理といえば激辛をイメージする日本人は多いが、このように食べられないほど甘いものもあるのである。甘い味付けはかつてこの地域を治めたヒンドゥー教の支配者の影響だろうか。神々を喜ばせる甘い物は敬虔なヒンドゥー教徒にとってなくてはならない存在だ。

マハーラーシュトラもグジャラート同様に、直径大きめのターリーの中ににぎやかにカトリが広がっている。制服姿の背の小さな給仕係が入れ代わり立ち代わりサーブしてくれる点も同じ。頭に通称ネルー帽と呼ばれる、インド初代首相ネルーが愛用していたキャップをかぶっている点がマハーラーシュトラらしいといえばいえるだろうか。

実は、このような一つのターリーに多品種のおかずを盛る提供スタイルはムンバイにある老舗レストランが発祥だといわれる。それも最初からこんなにたくさんあったのではなく、営業しているうちに徐々に増えていったものだと

上／マハーラーシュトラの給仕係
下／マハーラーシュトラのターリー

いう。ちなみに創業者はそもそもグジャラート人でもマハーラーシュトラ人でもなく、ラージャスターン州出身者である。このように、都会に出た地方人が、そこにいる人たち向けに自分たちの料理を改造・改変することで新しいメニューや提供方法が生まれていく。やがてそれがその地域の名物となり、その土地の名を冠され代表的な料理文化となっていく。現在「○○料理」と称されるものは、たいていさかのぼればそんな風に一人の料理人や一軒の店に帰着するケースが多い。

西インドのような華やかなターリー文化がみられる一方、北インドの地方都市にある、長距離バス発着所まわりの小さな安食堂あたりで出されるターリーは哀愁に満ちている。とある店に入ると、客席には長時間バスに揺られたのであろう、疲れた一組の中年夫婦が座っている。砂埃で薄汚れたスーツケースを脇に置き、ダールとアールー・マタル（ジャガイモとグリーンピースの煮込み）なんかが入った一枚もののターリーを無言で食べている。おかわりのローティーが出てくるのが遅いと、厨房に向かって「おい、早くくれよ！」とドヤしつける。薄暗い厨房の中で「はーい、今持っていきます」と小さな厨房で一人作業しているのは北部ガルワール地方あたりから出てきた青年だ。おかずもスタッフの数も圧倒的に少ないが、出される素朴なターリーは何ともいえない旅の味がする。

前にも触れたが、アムリトサルのスィク寺院におけるランガルは壮観だ。一日に訪れる参拝客は約五万人。その大半が儀礼としての食事をしていく。それも教義上、序列があってはならない。どんな身分や貧富の差があろうとも、この場所で食事をするときは等しく一列に座り、同じ皿で同じ料理をいただくのが規則なのだ。

お堂の中で数百人もの巡礼者たちが同じ一枚のターリーに向かい、一斉に食べている姿は感動的で、これほど特異な食事体験もなかなかない。食後は自ら、またはボランティアたちが皿を洗ってくれる。そんな時は一枚もののステンレスのターリーが扱いやすい。寺院の扉はどこの誰にでも平等に開かれているから、インド料理好きならば一度は体感すべきである。その後の人生に深く刻まれる食体験となることは間違いない。

アムリトサルのスィク寺院におけるランガル

ミールス

バナナ葉皿の北限

昼の混みあう大衆食堂。人垣をかき分けてクーポンを買い（昔ながらのインドの大衆食堂はクーポン式が多い）、空いた席に腰かけるとほどなくして給仕係がサッとバナナの葉を敷いてくれる。傍らのコップ水を右の手の平で受け、上から打ち水の要領で万遍なく水滴を散らしたのち、葉の表面をササーッと右手側面部を使って広げるように拭いていく。余った水滴は葉を両手で持ち上げて机の上に滴り落とす。

ミールスのサーブが近づいてくるとワクワクする

その上にまた葉を置き直し、料理がその上に置かれるのを待つ。

　やがてご飯を入れたホットポット、サンバルやポリヤル、クートゥが入ったバケツ類を抱えた給仕係がやって来て、葉の上にそれらおかずを無造作に置いていく。ポリヤルが置かれた位置を正したり、山状のライスを平らにならしたりしながら自分好みのビジュアルに修正しつつ、「いただきます」をいう訳でもなくおかずを混ぜ合わせたライスをおもむろに右手で口へと運ぶ。この、ある程度ご飯とおかずが決まった定食をミールスと呼ぶ。

昼時になると店の外には「ミールス・レディ（ミールスの準備が出来ました）」の看板が出る。

老舗食堂がかかげたミールス・レディの看板

この南インドを象徴する昼食が、いつ頃からミールスと呼ばれるようになったのかは何人かの南インド人有識者に聞いてみたが分からなかった。洋式食器を一切用いず、いかにも伝統的なスタイルであるかにみえるこの料理スタイルがなぜ「ミールス」という英語呼称なのか？

もともと南インドのヒンドゥー教徒の間では、婚礼は寺院で行われていた。その際、招聘した親族や友人ら客人に対して、寺院内で宴席料理を馳走する習慣が今でもある。一列に座った客人たちの前には真新しいバナナの葉が敷かれ、有志たちによって大鍋で作られた菜食料理をバケツに入れて一人一人サーブしていく。現在の食堂の原型であるが、この寺院における食事も本来「サーパル」などと呼ばれて「ミールス」とは呼ばれない。おそらく金を取って食事を食べさせる、という今では当たり前の商売がかつてなく、英領下のイギリス人によって始められたレストランという新しい業態を模倣・継承したために呼称もイギリス式に倣ったのではないだろうか。インド固有の単語ではなく、わざわざ外来語を用いる理由はそのようなところだろう。

バナナの葉を用いない、ステンレスやメラミン皿に盛り付けられた定食料理もまたミールスと呼ばれる。つまりバナナの葉は十分条件ではあるが必要条件ではない。それでもやはり青々とした生のバナナリーフに真っ白なライス、茶色いおかず、というのが一般的なミールスのイメージだ。では皿としてのバナナの葉を使用する食文化圏はインドのどのあたりなのだろう。それは、ミールス≠バナナの葉皿食文化圏を探る旅でもある。

タミル、ケーララ、カルナータカ、アーンドラの南部四州は完全なるバナナの葉皿食文化圏である。これに異論のある人はなかろう。そこからゆるやかに北上していくと、オディシャに到着する。インドを陸路でゆっくり旅していると「この辺りが文化の境界かな」と

オディシャのミールス食堂

いうのを肌で感じる時がある。オディシャ州が正にそれで、軽食などには色濃く南インドの影響を感じさせながら、魚食の多用は東インド文化圏を思わせるし、小麦食も併用していて北インドに入ったことも感じさせる。インドには各地で独特の文化が華開いているが、いくつかの場所にはそれらがグラデーションのように入り交じる緩衝地帯が存在する。オディシャとはまさにそんな地域であり、バナナの葉を使ったミールス食堂なんかもあるのだ。

　さらに北上するとベンガルに入る。出されるおかず類はジャガイモのバジ、ダールなどと南インドとは違うものの、ここでも大衆食堂ではバナナの葉が使われているところが多い。このバナナの葉を使う理由を無作為に聞いてみると、炊いたばかりの温かいご飯を葉の上に置いた時に発生する、米と葉の入り混じった何ともいえない香りがたまらないのだという。しかもヒンドゥー教徒だけでなくイスラム教徒も同じことをいう。ミールスの発生がヒンドゥー寺院での宴席食ということを考えると不思議な気もするが、しかしインドのイスラム教徒も数世代さかのぼればヒンドゥー教徒である。ヒンドゥー教徒とイスラム教徒とを文化的に別モノであると考える方が不自然なのだ。特に食習慣などという教化が深く届かない部分においては、改宗する前の、基層的な一つのインド人としてのアイデンティティが色濃く顔をのぞかせる。

私自身が目撃したバナナ葉の皿利用の北限はこのあたり（コルカタ周辺）なのだが、聞いた話ではメガーラヤ州の州都シロンやネパールでも婚礼時の宴席で用いられるようだ。そこにはやはり南インドと同様、敷かれたバナナの葉の上に真っ白いライスが置かれ、おかずが置かれる。こうしてみると、バナナの葉と米食との間に何らかの関係があるようにも感じてくる。これも「ミールス」同様、その理由を地元の人たちに聞いたところで正確なところはわからないのだが、インドの中でバナナの葉皿を使う地域は見事に米食文化圏と重なるから不思議である。

バナナの葉で食べさせるコルカタの老舗食堂

相席のススメ

ある時テレビを見ていたら、ピアノのコンクールの映像を流していた。競技者たちは緊張した面持ちでピアノの前に座ると、指を開閉したり手首を軽く回したりしてそれぞれにウオーミングアップしている。その姿をどこかで見たとしばらく考えていた私は、ようやくある光景を思い出した。「ああこれは、ミールスを前にした南インド人だ」。

インド人は幼少期から手食慣れしている

「箸を使う文化が日本人の器用さを生んだ」という言い方をよく耳にする。しかし生まれながらに日本文化の只中にいる私からすると、箸使いよりもむしろ手指のあらゆる可動域を駆使して食事を完遂してしまうインド人の方がよほど器用に感じる。固形物ならまだいい。問題はラッサムなどの汁物とライスとが混ざり合った、液状比率の高い、いわゆるシャバシャバ状態になった対象物である。つかもうと躍起になっても指先に付着するのはせいぜい数粒の米と汁だけ。それをくり返しているうち、思わず皿に口を近づけて、ズズーっと音を立てて吸い込みたくなる衝動にかられる。

しかし周りのインド人を見渡してみても、誰一人そんな不器用かつ無作法な食べ方はしていない。彼らの食べ終えた皿をみると、皆一様に一汁残さず指と手だけですくい上げ、きれいに食べきっている（個人差アリ）。食べ終えた皿を見るにつけ、彼らインド人とはつくづく器用な人たちだと心から感心する。まず食べる前の姿勢からして違う。卓上にミールスが置かれるやいなや、軽くライスに触れてなだらかにしたり、サンバルの温度を確かめるように中指の先で表面に触れてみたりする。そう、それはまるでピアノを前にしたピアニストそのものだ。

北インドの、特にある程度以上の年齢層の人たちはタミル人の食べ方を「ひじの部分まで舐める人たち」と揶揄することがある。かつてインドには地方出身者を小馬鹿にするステレオタイプな笑いが横行していて、映画などによって拡散されていた。これはつまり汁気の多い料理、つまりミールスを手で食べることでその汁が手の側面から垂れてひじまで伝わり、それを舐めるタミル人の滑稽さを笑うというものである。もちろん映画的誇張で、実際にそんなことはないのだが。

というわけで私はインド人の食べ方を観察するのが好きである。かといって食べている人の前に立ってじっとみつめていたら不審者になってしまうので、必ず「相席」という形をとる。この相席が実に面白い。食べながら相対する人たちには人生の悲喜こもごもが反映されていて、まるで一本の秀作のドキュメンタリー映画を見るのと同じかそれ以上の感動を与えてくれる。だからインドの食堂に行くと私は努めて誰かの相席になるべく席を探す。ほかの席が空いていても、わざわざ食事中のおじさんの前に座るという、我ながら不審な行動を抑えられない場合もあ

渋いおじさんがいると相席したくなる

る。

　相席者を観察しているとさまざまな発見がある。まず食べる順番がよく分かる。おおかに何をはじめに食べ、中盤ではこれとこれ、後半ではこのおかずでシメる、といった地域ごとの不文律のようなものが見えてくる。これらの情報は本はもちろん、途中で編集を挟むYouTubeでもうかがい知ることは出来ない。時には食事中の相手を遮り「この場合、こっちの方を先に食べるんですよね？」などと質問できるメリットは大きい。少々面食らいながらも親切に教えてくれるインド人は多く、そこから話が弾んで、地域料理のルールや特徴、その街の美味しい店とその来歴、彼の奥さんやお母さんの料理の腕じまんといった重要情報まで入手することも可能だ。相席者は生きた教科書であり先生なのである。

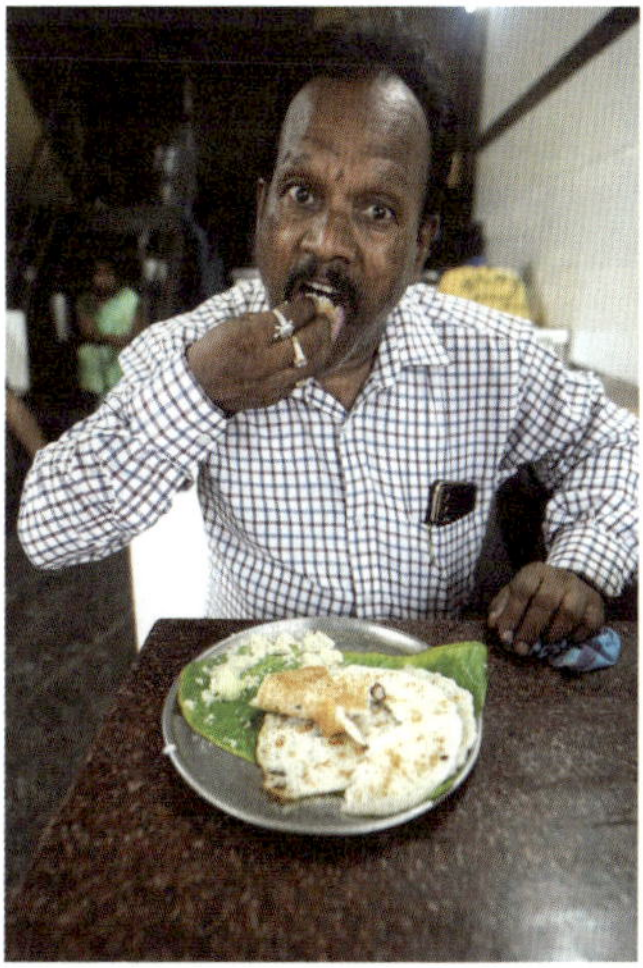

相席はさまざまなことを学ばせてくれる

ふと何について書いているのか見失いそうになるが、そう、ミールスである。ミールスほど手食に向いた料理もない。手食する時に感じる料理との一体感、それはとりわけナンなどのパン類よりも米飯を食べる時においてより濃厚に感じられる。そもそもパンは手で千切って食べるものだが、米飯は箸で食べるもの、という刷り込みが我々日本人には幼少期からある。固定概念にとらわれた人ほどその高いハードルに抵抗がある。しかし意を決して手食をすれば、そこにはまだ知らない新たな自分との出会いが待っている。

相席相手を観察しているとよく分かるが、彼らは食べ物を口に含んで咀嚼している間もつね

相席は一本の秀作のドキュメンタリー映画を見るのと同じ

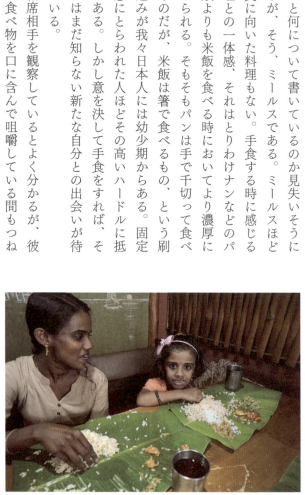

に手は休まず動かし続けている。クートゥー（野菜の炒め煮）やコランブ（汁物料理）などをライスと混ぜ続けているのだ。この手による無意識の攪拌行動も、インド人の食事にとって咀嚼同様に重要である。インド人とご飯を食べていて、メシの白い部分が残ったまま口に入れようとすると「おい、まだメシが白いぞ」と怒られる。インドではご飯の白い部分がしっかりとおかずの色で染め上がってはじめて口へと放り込まれるべきものなのだ。

「インド人は手でも味わう」とよくいわれるが、より正確には、指先に舌でもついてるかのように手で味わい咀嚼し、かつ味のついた手指を舐めることで、箸やスプーンといった道具食では感じ得ない味覚までをも感知しているといえる。新しい食体験とは何も古今東西の珍味やご馳走に出会うことだけを意味しない。ただスプーンを手に置き換えるだけで、経験したことのない新食感が得られるのだ。

宴席でのミールスをもとめて

前述したようにミールスの発祥は寺院の宴席料理である。食堂の中には「テンプル・ミールス」を謳った店もあるほどだ。となると婚礼宴で食べられるミールスを食べてみたくなるのが人情。もし知己に地元のインド人がいたら、近々結婚式を行う親戚や友人がいないか聞いてみるのも一手だろう。運よく新郎新婦が見つかれば、それは一生の思い出に残る食体験となる。しかし誰からも結婚式に招待されないからといって失望することはない。タミル暦では一月から二月にかけてのタイ月が結婚式シーズンとなる。この時期に街を歩けば結婚式にぶつかる可能性は高い。

最近の結婚式は寺院ではなく専用の式場で行われることが多い。式場のありかはグーグルマップで「Marriage Hall」あたりで検索すれば無数に見つけられるだろう。インド（ヒンドゥー教徒）の結婚式は夜通し行われることが多く、ホ

マドゥライ市内の結婚式場

ールは煌々とした照明で彩られるから、夜の方がより探しやすい。

日本で見ず知らずの人が他家の結婚式に入ろうものなら不審者確定だが、インドの場合その点きわめて寛容だ。インドの結婚式は主催者の財力の誇示という側面があり、どれだけ派手に会場を装飾して豪勢な演奏隊を呼び、どれだけ多くの招待客を集めたかがのちのちまで語り継がれる。外国人客がその場に列席したということは彼らのイベントに華を添え、箔をつける形になる。だからむしろ積極的に参加をうながされるケースが多い。式場には日本の結婚式でもおなじみの、お調子者の親戚のおじさん的な人が必ずいて、手をひいて案内してくれる。まず

迫力ある婚礼宴での集団共食

は新郎新婦の元へと連れて行かれるから丁重に（勝手な）招待へのお礼を述べ、写真を撮ったり撮られたりする（もちろん後日メッセージアプリのWhatsAppなどで写真を送るのは最低限の礼儀）。さらに案内されるがまま食堂ホールへ。そこには何百人という招待客が一堂に会して食事をしている。これが結婚式のミールスである。もちろん周りのおじさんたちからも食べて行け、と強くすすめられる。

結婚式のミールスは基本的に街中の食堂で食べる菜食ミールスと変わらない。むしろ品数的には少ないかもしれない。決して華やかではなく、流行りの外食店で食べるような刺激やカラフルな見栄えといったものもない。作っているのは外部のケータリング業者だ。

基本的に彼らは店を持たず、こうした宴席専用で請け負う。インド料理はおおまかに家庭料理と外食料理とに大別されることが多いが、そのどちらにも属さない、第三の形態とでもいうべきなのがこのケータリング料理である。そしてこのケータリング料理にこそ、インド料理シーンを読み解く一つのカギがある、と私は思っている。

端的にいえば、食堂などの外食店のコックよりもケータリング料理の作り手の方がリスペクトされている。その理由は二つある。一つは、数百〜数千という規模の料理を一度に作れてしまうその圧倒的技量。インドには「大量調理がこなせてはじめてプロの調理人を名乗れる」という不文律がある。インド人コックらの話を横で聞いていると「俺は数百人のパーティーを担当した」「いや俺は数千人だ」とその量でマウントの取り合いしているのを耳にすることがよくある。外食店よりケータリング業者の方が大量調理は専門だ。有名な外食店のチーフのコックが資金を貯めて独立し、ケータリング業を開業するケースもよくある。

理由のもう一つは、客の細かな要望に対応が出来る点。外食店とは客にメニューという選択肢を提示し、味付けから盛り付けまですべてを食堂側にゆだねるビジネスモデルである。一方、

大規模な宴席料理は専門業者の力が必要

インドにはいまだに「外食を否定的に見る層」が存在する。客席から見えない外食店の厨房ではどこの誰がどんな食材を使っているかもわからない。ヒンドゥー教徒にしろイスラム教徒にしろ、食材にタブーのある人の多いインドでは、自分たちの戒律にあった食材を細かく指示が出来、自分たちの目の届くところで調理するケータリング業者は外食店よりも安心な存在なのだ。

宴席料理人はインド全土に存在し、飲食産業の中でも特別な位置を占めている。もともと自分たちより下のカーストが作った料理をタブーとするヒンドゥー社会では、最上位に位置するブラーフミン（＝僧侶）の作ったものなら（味はどうあれ）安心して食べられた。こうしたことから代表をブラーフミンが務めるケータリング業者も多い。いずれにしても、

大量調理をこなす宴席料理人

婚礼というハレの場で来場者にご馳走するのは古くからの決まりであり、それを専用にする仕事が伝統的に存在するのだ（かつて小規模な婚礼宴での食事は、家庭の女たちが作っていたという）。

自由な外食を許されない女性たちにとって、はじめての「外食」体験が婚礼宴だったという人は今も多い。さらにミールスのように、宴席料理を模した形で商業メニュー化した外食店も多い。インドの外食文化を知る上で、彼らケータリング業者というのはきわめて重要な存在なのだ。そして彼らの作る「本物の」ミールスをいただくには、どこかのインド人の結婚式に参列するほかないのである。

ダルバート

五〇〇円ダルバートの発祥

数年前、新大久保界隈のネパール料理店で出す「五〇〇円ダルバート」が話題になったことがある。ダルバートとはダル（豆汁）とバート（ご飯）で構成されるネパールの定食で、料理名であると同時に食事そのものを指す言葉としても使われる。日本で「ご飯」という語が狭義の米飯と広義の食事どちらも意味するのと似ているだろうか。このネパールの食を象徴する「ダルバート」が話題になった経緯を追っていくと、

日本のインド料理黎明期から営業を続けるモティ

日本におけるインド料理店の成り立ちと背景がよく見えてくる。

一九六〇年代から七〇年代にかけて、日本における最初期のインド料理店の多くはインド人または日本人によって経営されていた。当時のオーナーたちは貿易を本業にした人が多かった。モティのサニー氏、マハラジャのコタリ氏、サムラートのカプール氏、またバターチキンの回に登場したラージマハルのマルホトラ氏もすべて貿易業者である。

インド料理店である以上「インド人」コックを雇わなければならない、と当時のオーナーたちは考えていた。だからわざわざインドまで出向き、一流ホテルに勤務している人材をスカウトしていた。先行業者がいない時代、インド料理店業を営むためのノウハウは何もなく、メニューの策定から内装工事にいたるまですべてが手探り状態だった。また当時は一つの店で雇えるインド人コックは一人だけ、などという制約もあったという。

時代が下り、初期のインド料理店は順調に支店を増やしていき、また新規開業するインド料理店も増えていった。新規開業には異業種からの参入だけでなく、初期の店で雇用していたコックが独立して開業するケースが見られた。店が増えれば人手が必要となる。こうして八〇年代後半以降のインド料理店増殖期にかけて、インド人コックに加えてネパール系のコックが雇用されていくようになる。実は当時からすでにインド国内の厨房で働くネパール人は多かったという。ただし初期のころはインド国籍を持つ「ネパール系インド人」がコックとして来日していた。店側はあくまでインド人のコックを欲しがったのである。

実はインド国籍を持つネパール系インド人は今でもインドにごまんといる。これは時代によってインドとネパールの国境線が推移したためでもあり、今でも親戚が国境の向こうのインド側にいるというネパール人は多い。インドの公用語の一つがネパール語であるのもそうした理由による。国境をすべて海で隔てられた日本人にはなかなかイメージしづらいが、地続きに接するインドとネパールとの文化的境界はきわめてあいまいで、行政線のここから右がインド文化、ここから左がネパール文化などと単純に峻別することは出来ない。

さらに多民族社会のネパール国内でマジョリティであるバウン、チェトリというヒンドゥー教徒たちは、もともとインドから数世紀前に渡来し定住したアーリア系の人たちで、ルーツを現在の北インド人と同じくする。よく「ネパール人が作るインド料理はニセモノ」だなどという風説がまことしやかに流布されるが、出自的・文化的に見て「古インド人」たるバウン、チェトリが北インド料理を作るのはむしろ整合性があるのだ。というより、そもそもナン、バターチキン、タンドリー・チキンなどは本書でも既に触れた通り、外食店用に比較的最近になって開発された特殊料理であり、ネパール人はおろか、どこのインド人の地域属性とも無縁のものでもある。

このようにして八〇年代後半あたりから、「文化的にきわめて近しい関係の」ネパール人コックが徐々に国内で増えていき、九〇年代以

日本で働くネパール人コックの故郷。のどかな風景が広がっている

降一気に急増した。背景には、もともと脆弱だった経済基盤に加えて、反政府運動など国内の政治的混乱がネパールの若者の海外志向に拍車をかけ、さらに渡航を斡旋するブローカーも増えていった点があげられる。二〇〇〇年代に入ると首都圏にはネパール人経営のインド料理店、略してインネパ店が一駅に一軒以上出現するような飽和状態に陥っていく。

さて、九〇年代以降日本に増えていったネパール人は何もコックだけではない。留学生も増加した。とりわけ二〇一五年に発生したネパール大地震を境に、人数的にはコックを凌駕していく。日本に来た彼らがまず初めに直面するのが食事の問題である。「故郷の味が恋しい」というのはどんな国の出身者にも共通する心情だろう。日本には既に飽和状態に陥るほどインネパ店はあるのに、そこにあるのは自分たちの地域属性とは無縁の料理ばかり。同胞たちが経営する店で初めて食べたチーズナンの美味さに開眼するネパール人学生もいるにはいたが、やはり仲間内の宴会時には地元で慣れ親しんだ味で盛り上がりたい。

こうした潜在欲求に裏打ちされて、おもに学生上がりの経営者たちが主導する形でネパール料理を中心に出す料理店が、外国人が多く集まる新大久保界隈で二〇一〇年代以降増えていった。主たる顧客は同胞学生だったから定食を学割料金の五〇〇円に価格設定。これがヒットし、他の多くの同業者も追従。さらにメディアを通じて日本人にも広く知られるようになっていく。何せこの価格でご飯とダル、グレービー（カレースープ）までおかわり自由なのだ。なお、このスタイルは本国式をまるまる踏襲したものである。

かくして日本では廉価で美味いイメージが付与されるようになったダルバートだが、ネパール本国ではどのような食べ物として認識されているのだろうか。

タカリー・ダルバートの増殖と拡大

前項でも述べたように、ダルバートとは文字通り「ご飯と豆汁」を意味すると同時に単に

おかわり自由のダルバート

「食事」をも意味する。ちなみにネパール語にはより狭義の食事を意味する「カナ」という言葉があり、カナとは何の具材で構成されるかと問われればダルとバートではあるのだが、だからといってわざわざ家でお母さんが「今日はダルバートを作ったわよ」ということはない。なぜなら毎日がある種のダルバートだからだ。それがいつの間にかネパール料理を象徴する、分かりやすいワンワードとして主にネパールを訪問する外国人に浸透しはじめ、その動向を機敏に察知した一部のネパール人が自分たちの言葉を再解釈するかたちで改めて外国人向けレストランのメニュー内にアルファベットで記載するようになった。いわばダルバートという呼称は外部からの目線によってネパール人が再発見するようになった料理名ともいえる。よってネパールの食事を「カナ」と表記してもいいのだが、ここでは浸透度で優るダルバートで統一したい。

ネパール人にとって家でも外でも食べるダルバートだが、特に外でダルバートを必要とするのは主として旅先を行脚する商人たちである。農民は家から徒歩圏内の田畑に向かうので外食する必要がない。地方から都会に出てくる行商人や積み荷を運んでインドやチベットを行き来する交易人はいちいち自宅に食事に戻るわけにはいかず、簡便な携行食のほかは旅籠や民家に立ち寄り食事しなければならない。今でこそ旅籠にはチャウミンやモモなどメニューの選択肢があるが、一昔前までは食事といえばダルバートかディロ（雑穀の粉末を練ったもの）しかなく、また現代のように豊富なメニューを求める客もいなかった。

さてここで外食料理としてのダルバートの歴史と変遷をたどってみたい。従来、行商人たちを相手にダルバートを出していたのは旅籠だったが、一九五〇年代に発生したチベット動乱で中国政府はネパールとの国境を封鎖。そのためチベットとネパールを結ぶ街道沿いにあった旅

昔ながらのスタイルで営業するポカラ郊外の食堂

籠は主要な商人客を失う。しかしその穴を埋めるように、七〇年代以降は外国人トレッカーが増加。街道筋の旅籠も彼ら相手に食事や宿を提供するスタイルへと変化していった。当初は外国人相手であってもダルバート一択という旅籠が多かったが、次第に彼らの口に合わせた料理を出すところが増えていく。とりわけアンナプルナ内院やムクティナートへと至るトレッキング道周辺に居住していたタカリー族の旅籠では、他の街道筋周辺に住む諸民族に比べ行き届いたサービスの提供と、何より女性たちが料理上手であったため評判となった。いつしか「タカリー族の女性の作るダルバートは美味い」というイメージが醸成され、外国人トレッカーや行きかうネパール人らによって国内外へと拡散されていった。

きらびやかなタカリー・ダルバート

九〇年代に入ると山村部で共産武装ゲリラが勢力を拡大しはじめる。他の民族よりも商売がうまく、比較的富裕だったタカリー族は彼らの格好の標的となった。やむなくカトマンズなどの都市部へと避難した彼らの一部がはじめたのが、それまでトレッカー相手に培ってきたノウハウをもとにした飲食業だった。こうして店名に自らの氏族名である「タカリー」を冠する店が散見されるようになる。ネパール在住経験の長い人によると、九〇年代ごろまでカトマンズ市内にはタカリーの名を冠したレストランはほとんど存在しなかったらしい。それが二〇〇〇年代以降、旅行者が集まるタメル地区を中心として「タカリー・バンチャ」「タカリー・キッチン」といったタカリーと名のつく店が続々と増えはじめたという。そこでは「タカリー・ダルバート」という名で真鍮ま

インドの街でもタカリー・ダルバートの名は浸透している

たは青銅の豪華な食器に盛り付けられた、品数の多い華やかなダルバートが生み出され、外国人観光客だけでなく在住ネパール人にも人気を博していった。

一種の料理ブランドと化したタカリーの名を冠した料理や店を、自らの出自とは無関係に出すオーナーが増えていったのもこの時代。タカリー族の知人とカトマンズ市内を歩いていると「あそこにタカリー・ダイニングとあるでしょ？　でもオーナーはグルン族なんだよ」などと指さして笑ったものである。しかし当初こそ単なる摸倣だった料理は次第に普遍化し一般名称化していった。それは国境を越えたインドに行くとより顕著だった。

二〇一〇年代、ふと思い立ってインド国内にあるネパール料理屋巡りをしたことがある。その結果、インド国内に点在するネパール料理店のメニューにはたいてい「タカリー・ダルバート」が置かれていることがわかった。もちろん店のオーナーやコックはタカリー族とは縁もゆかりもない。というより、インド国内にあるネパール料理店のオーナーがタカリー族だった例は自分が食べ歩いた限り一軒もなかった。

あれは東インドのシリグリという街だった。やはりタカリー・ダルバートを出していたある店のオーナーに私は疑問をぶつけてみた。オーナーや作り手がタカリー族ではないのになぜ、タカリー・ダルバートを出すのですかと。すると彼女の答えは明快だった。

「確かに私たちはタカリー族じゃありませんが、料理はすべてタカリー族のレシピで作っています。中華料理を作るのは中国人、イタリア料理を作るのはイタリア人だけじゃないでしょう？」

タカリー族のレシピで作れば、調理人がインド人だろうがアフリカ人だろうがタカリー料理になる、という当たり前といえば当たり前の事実に、私は深く納得してしまった。彼らの意識の中では、タカリー・ダルバートはすでに民族性や地域性をとっくに越えたユニバーサルな料理になっていたのである。

ネパール国内において料理上手な民族の味、といったイメージで広まったタカリー・ダルバートはいつしか特定

シリグリの街にあったタカリー族ではない料理店オーナー

の民族料理という枠組みを離れ、隣国インドでさらに普遍化され、また外国人ツーリストや海外移住したネパール人飲食店経営者らにより世界中に拡散していった。今や日本のネパール料理店でも定番となったが、それはほんのここ十数年の話である。

ダルバートの未来

インドのシリコンバレーといわれて久しいIT都市ベンガルール。市内中心部には国内外の大企業が事務所を構える高層ビルが軒を連ね、高架鉄道とハイウエイが縦横無尽に交差する姿はさながら近未来都市の様相を呈する。そんなベンガルール随一のオシャレスポットであるコラマンガラにBarney'sという一軒のネパール料理店がある。ダージリン出身のネパール系インド人オーナーが九年前に立ち上げた割と「ガチな」ネパール料理店である。現代的で無国籍なアートが雑多に飾られたエントランスには、ネパールをイメージさせるタルチョ（経文旗）や仏像といった美術品がさりげなく展示されて気分を盛り上げる。土曜の午後二時過ぎに入店すると、カップル、友人、ファミリーの如何を問わず全ての卓がインド人客で埋まっている。その光景は私にとって衝撃だった。

それまで私がインドで出会ったネパール人は、食堂の厨房作業員や門番、道路工事人などほとんどがインド人から雇われた出稼ぎの肉体労働者だった。そこには大国インドと小国ネパールの力の差が歴然とあらわれていた。こうした格差をとりわけ強く感じさせるのが北インドで、彼らネパール人に対するある種の蔑視が今も北インド社会には根深く存在する（ネパール人以外にもナガランドやマニプルといった北東諸州やビハール州出身者、またかつては南インド人に対しても存在した）。

昨今、国内外への観光旅行がブームのインドだが、最も手近な国外であるネパールを訪れる北インド人観光客は旅行ブームの前から多かっ

ベンガルールのネパール料理店Bamey's

た。ネパールを訪れる彼らの態度は尊大で、ネパールでもヒンディー語で押し通しインド料理を要求する。こうしたことから私は勝手にインド人を「ネパール食文化に興味のない人たち」だとイメージしていた。少なくとも昨今インドの都市部に氾濫する、ピザやバルガル（ハンバーガー）といった欧米式の食文化に対するのと同様の関心を、彼らがネパール料理に向けるとは思えなかった。

だからベンガルールのBarney'sで、身なりの良さそうなインド人客がネパール料理を美味しそうに食べている姿を見て驚いた。「あのインド人がダルバートを食べるのか！」と。ショックのあまり私は、隣の席で楽しそうに食事をしていた若い二人組のインド人男性客につい話しかけていた。

「あなたたちはインド人なのになぜネパール料理を食べるんですか？　ヘルシーだから？（という答えを期待していた）」

IT系の仕事をしている、という彼らから返ってきた早口の英語の答えは意外なものだった。

「ハハハ、僕たちは決してヘルシー志向でネパール料理を食べに来ている訳ではありません。今までインド内外に仕事で赴任した時、ネパールを含むアジアン料理店で食べる機会がありましたが、料理として単純に美味しかった。それが一番の理由ですよ。昨日はタイ料理だったから今日はネパール料理かな、とかね。また大学の同窓や会社の同僚にもネパール系の人たちがいて、彼らを通じてネパール文化に興味を持ったというのもあります」

つまり彼らにとってネパール料理とは、日本料理やタイ料理などあまたある外食料理の選択肢のone of themという位置付けなのだ。店内のネパール(系インド)人の接客術はそつなく、この居心地のよさも彼らを惹きつける理由なのだろう。改めて店内を見回すと、インド人の家族

Bamey's で会った隣席の二人組

連れや夫婦、カップルなど皆楽しげにネパール料理を食べつつ談笑している。

　北インド人や、何より私自身なんかよりベンガルール在住のインド人の方がよほどニュートラルでバイアス無しに、クールにネパール料理を楽しんでいる点に新鮮な驚きを感じて半ば呆然としていると、注文したことをすっかり忘れていたダルバートが置かれた。調理の仕方はインド人用に多少はカスタマイズされてはいるものの、それはまぎれもない「タカリー・ダルバート」だった。

　青銅の大皿にグンドゥルックなど品数の多いおかず類、脚のついたカチョラ（小皿）にはカロダルと呼ばれるケツルアズキ豆の汁物が、ギ

インド、デリーにあるネパール料理店

ウ（ギー）の香りを立たせている。ネパールでも日本でも、（ネパール人移民の多い）マレーシアやタイに行ってもほぼ同じ内容、同じ見た目である。商業的なインド料理発生の黎明期、コックの間ではナンやカレーといった料理こそがスタンダードだと認識されていた。それと同様の「ネパール料理のスタンダード化」が現在、全世界で同時進行しているかのようだ。

一方、ネパール系インド人の飲食店主の中には、生まれてから一度もタカリー族に会ったことのない人や、「タカリー・ダルバート」の意味を「ゴージャスなダルバート」であると誤解している人すらいる。しかしたとえそれがネパールのタカリー族が本来持つ調理法や盛り付け方から逸脱したものであっても、だからこそ逆に広く世界に浸透したことの証左ともいえる。日本の本来の寿司イメージから逸脱した〝ＳＵＳＨＩ〟が世界中で見られるように、いつしか各国で独自進化したダルバートが食べられる日がくるのかもしれない。

南インド／ライヤーズ・メス

何の変哲もないチェンナイの住宅街の細い路地の奥。地図アプリを追っても見過ごしてしまいそうな、目立たないこのティファン（軽食）屋に通いだしてもう何年経つだろう。小さな店内には古びた四人がけの小さなテーブルが四卓あるだけ。相席も含めて都合十六人が一度に座っている。奥から聞こえる生地製造機の出すゴンゴンという音の他、インドでは極めて珍しく、私語のほとんどない静謐な空気が支配している。インドの食堂では作り置きしたものを出すのが普通だが、この店は客を待たせてでも熱々の出来たてを出す。客たちはそれを、固唾をのんで待っているのだ。

やがて客たちの前にバナナの葉が敷かれ、イドゥリ、ワダ、ポンガルといった軽食類が並べられる。人々は濃厚なチャトニーをまぶしながら、無言で一気に食べ進めていく。これが私がチェンナイに行くと必ず立ち寄る食堂、ライヤーズ・メスの朝の光景である。

この店の三代目がマノージ君である。知り合って約十年、ずっと調理場ではなく注文取りをさせられているが、そんな境遇にメゲることなくいつもニコニコ陽気に迎え入れてくれる。

出会って間もないころ、彼はよくこんなことを言っていた。

「いつかボクが経営者になったら、こんな目立たない場所をサッサとやめてTナガル（チェンナイ中心部の繁華街）に移転するんだ。それも二階建てのゴージャスな店舗でね」

「いやいや、それは絶対にやめた方がいい」

夢想するマノージ君を、私は言下に否定した。

「せっかくこんな目立たない場所で長年続けて

きたんでしょ。客だってそれを求めているわけだし。それこそが老舗の良さで、この場所を守り続けた方がいいと思うよ」

老舗とは単なる味の連続性のみならず、代々受け継がれてきた建物や道具、従業員、それらの総体からしみ出る「味わい」である、とわれわれは考える。しかしインド人はそう考えない人が少なくない。いくら数十年続く歴史ある建物であっても、資金がたまるとサッサと取り壊し、カラフルなペイントの内装を施した瀟洒な建物へと作り変えてしまう。風情も何もあったものではない。

ただここ数年、そんなインド人にも価値観の多様化が見られる。使い古されたノスタルジックな内装に価値を見出す経営者が増えているように感じるのだ。そういう物件を上手にリノベして「古き良き」を演出したり、新築なのに古く見せるエイジング加工を施したりする店が徐々に登場している。そういえばここ最近、移転や改装についての話題をマノージ君から一切、聞かなくなった。ようやく彼もこの小さく古い店の価値に気づいたのだろうか。

ファルーダ

トラウマのファルーダ

インド亜大陸で広く見かけるデザートに「ファルーダ」という飲み物、いや食べ物がある。後述するように、飲み物なのか食べ物なのか判然としないほどさまざまな形状を持つデザートなのだが、むしろ個人的にはその捉えどころのなさ、得体の知れなさにこそインドの食文化の奥深い謎を解く手がかりがひそんでいるのではないかと思い、静かに追い続けているアイテムだ。

ファルーダに過剰に反応するようになったのは、数年前に開いたとある食事会がきっかけだった。都内某所に現在も営業中のパキスタン料理店があり、自宅から比較的近かったこともあってオープン当初から何度か通っていた。コックとして働いていたパキスタン北西部出身のカーンさん（仮名）は腕も確かで、時折メニューに載っていない郷土料理なんかを食べさせてくれた。そのどれもが美味く、その腕を見込んだ私はインド亜大陸料理好きの知人らに声をかけ、郷土料理を中心とした食事会を企画することにした。打ち合わせする過程で彼の料理に対する深い知識を知るにつれ、ああこの人にまかせていれば大丈夫、との思いを強くしたのだった。

そして迎えた食事会当日。準備された料理は美味しさと珍しさを兼ね備え、集まったインド亜大陸料理通たちの舌と好奇心の両方を満足させるものだった。運ばれてくる料理の一品一品に称賛の声が上がるたびに、私はリクエストに応えてくれたカーンさんの腕を誇らしく感じた。満腹感にひたり、最後のデザートが運ばれてきたその時だった。

「近所ノ店デ、イイ材料ガアリマシタ」

晴れがましく言いながら、カーンさんは人数分の小鉢に小分けされたデザートを運んできた。一人一人の前に置かれたそれは、白っぽい色味の太い麺が同じ乳白色の突起物にからまるようにしてとぐろを巻き、小鉢の中で屹立していた。

「？？？」

全員の頭に疑問符が浮かんだ。それまで料理の話題などで和気あいあいと盛り上がっていたテーブルを一瞬にして静寂が支配する。煮物などの和食用とおぼしき小鉢に入ったそれを見て、私はもしやと思い尋ねた。

「これってクルフィー・ファルーダですか？」

カーンさんは胸を張るようにしてうなずいた。

確かに私はデザートとして何気なくファルーダもリクエストしていた。ファルーダとは麵的なものをクルフィー（インド式のアイス）または欧風のアイスクリームと共にいただく冷たいデザートで、麵は通常アロールートというイモ類やトウモロコシなどのでん粉によって作られる。パキスタンでは専用の大きな製麵機が市販されているほどポピュラーなものとなっている。しかし日本では原材料となるでん粉の入手先がわからない、と難色を示すカーンさんに「いや、あなたほどの腕ならきっと美味しいものが出来るはず。期待してますよ」と無茶振りしていたのを、その時になってようやく私は思い出していた。

食事会で出されたファルーダ

この食事会の最後に出てきたファルーダは「生うどん」で代用されていた。湯通ししてないうどんのボソボソした食感はお手製のクルフィーとも合わず、それまで本格的で「ガチな」パキスタンの郷土料理に魅了されていただけにその落差は大きかった。こうしてその日の食事会は何となく気まずいまま閉会した。

その時は気づかなかったが、パキスタンにおいてもインドにおいても料理職人と菓子職人とはスキルの異なる別の仕事なのだ。例えば同じ和食といっても寿司屋と和菓子屋が全く異なるように、同じ食文化圏内の職人だからといって何でも作れるわけではない。

料理をリクエストするということは精緻な現地の食事事情に精通し、的確なメニュー編成能力が大きく問われる。食べたいものを漠然と「その地方の料理だから」という安易な理由でやみくもにオーダーすると手痛いしっぺ返

一般的なクルフィー・ファルーダ（デリーのRoshan di Kulfiにて）

しを食らう、ということをその時痛切に学んだのだった。

さて長い前置きとなったが、本題はここからである。うどんでの代用に強烈な違和感を覚えた我々だったが、果たしてあの時のうどんの使用は完全に不正解と言い切れるのか。ある国の料理が別のある国で作られようとする時、必ずしもすべての食材が調達出来るわけではない。流通網の整った現代においてすら、満足にファルーダ麺一つ日本国内で調達出来ないのだ。

実はこのファルーダというデザートも、ナンやビリヤニ同様、インドにとって外来の料理である。元来ペルシア（イラン）東部の街シラーズで発祥したという麺状の冷菓「ファルーデ」は、その後インドに伝わりさまざまな形状、スタイルを経て現在のファルーダとなった。そのインドにおける変貌ぶりは、源流たるシラーズのファルーデの原型

パキスタン・カラチの菓子屋の店頭

を一切とどめていない、すがすがしいまでの現地化がみられる。ならばあの時出てきた「うどんファルーダ」こそ、本来の現地化のありようを体現したものではないか。伝播した先の環境や食材によってその姿を変えるという、もしもそれがファルーダ的なるものの定義だとしたら「現地と違う」ことこそむしろ正解なのではないか……。

現代の「インド料理」が少なからず外国由来であり、そして外来料理の現地化を考える上でファルーダほどそのテーマにふさわしい料理はない。ああ、こうしてはいられない。改めて現地でファルーダを食べる旅に出かけなければ。

ファルーダ流入の三つの流れ

前項で紹介した通り、ファルーダは外来のインド料理である。その源流はペルシア（イラン）にあり、中でも東部の街シラーズが発祥だといわれる。イランのシラーズという街に私は今からちょうど三〇年前、一九九四年に一度だけバックパックを背負って旅したことがある。ただ当時は「ファルーデの街」としてのシラーズを知らず、せっかく滞在したのに一度も口にすることなく次の街へと移動してしまった。

このように、一つの旅の中で「あの時アレを食べておけば……」と後悔することは山のようにある。逆に「アレを食べていなければ……」などという後悔は不思議とない。仮にその後体調不良になったとしても、である。旅での食は正に一期一会。食べておくべきだった料理の存在を、その地を去ったあとに知ることほど悔しいものはない。

さて、ペルシアのファルーデはインドに伝わりファルーダとなった。この伝播ルートは大まかに三つあると私は思っている。それぞれのルートを経たファルーダは、同じ名称とは思えないほどそれぞれまったく異なる形状と味をしている。ここではそれぞれの伝播ルートと定着した地域とを、私見を交えて紹介していきたい。

第一の伝播ルートは、パキスタン北部からインド北部の都市部にかけて。地理的に最もペルシアのシラーズに近く、インドのファルーダの中でも最もオリジナルに忠実な、クラッシックなタイプのファルーダである。このタイプはプラオやカバーブなどと同様、ムガル帝国時代に陸路で伝わりインド化したものと考えられる。麺状であるファルーダは発祥元のペルシアのように単にシロップをかけただけでなく、インド発祥の乳製品の冷菓クルフィーや、これまたインドらしい乳製品のスイーツであるラブリーを組み合わせて食べられるようになった。もともと冷菓であったファルーデは、インド化する過程で現地の冷菓と結びついて広く受容されていったのだ。クルフィー・ファルーダ、ラブリー・ファルーダを出す店はインドでもデリー旧市街やラクナウなどムガルゆかりの古都であることが多い。昔ながらの素焼きのマトカー（＝壺）に入れられたクルフィーをファルーダと共に出してくれる店や、貫録のあるおじさんが年季の入った分厚いガラスコップにラブリーとファルーダを入れてくれる店など、提供する人もスタイルもクラッシックなのが特徴だ。

第二の伝播はイラーニーによるボンベイルート。地図を開くと実感するが、イランとインドはアラビア海を隔てたホンの目と鼻の先。現在でこそインドとの間にパキスタンが挟まるが、かつて双方は地続きであり隣国同士でもあ

より原初的な形状のファルーダを食べる男性（パキスタン・ラホールにて）

った。こうした地理的要因から、例えばペルシアにイスラム教が伝わった時代、宗教的迫害から逃れてインドに避難したゾロアスター教徒らはその出身地にちなんでパールシー（ペルシアの人）と呼ばれ、地理的にイランから近いグジャラートに定住した。

時代が下り、イギリス領の西の玄関口として栄えたボンベイには、仕事や機会を求めて内外から多くの移民が流入した。商売に長けた在印パールシーたちもいち早くグジャラートからボンベイに進出して財を築いていく。同時にイラン（一九三五年に国名をペルシアからイランに変更）からも主にムスリムの移民が多くやって来て、パールシーに雇用されたり、工場労働者として働くようになる。彼らはイラーニーと呼ばれ、やがて小さな自営の軽食屋を持つようになる。それはのちにイラーニー・カフェと呼ばれ、ボンベイの都市生活者の間に広まっていった。バン・ムスカやキーマー・パウといったハイカラなメニューと共にファルーダも提供された。しかしそのファルーダは第一のルートでインド化したものとは全く異なる見た目をしていた。

基本的にでん粉麺が入っている点「だけ」はイランのファルーデを踏襲しているものの、彼らはそれをガラスのジョッキに入れ、まるでパフェのようにアイスクリームやローズシロップ、バジルシードやドライフルーツを加えて原型からは想像出来ないほどの魔改造をほどこしたのだ。原型のような大人しいビジュアルだと大都市ボンベイでは誰も見向きをしなかったからだろうか。

最後に第三の伝播ルート。七〇年代以降、石油開発で潤う湾岸諸国に多くのケーララ州出身者が出稼ぎに行った。ドバイやアブダビといった大都市の建設現場が主な働き先だったが、飲食業界で働くものも少なくなかった。ドバイに行くとわかるが、レストランのデザートメニューには背の高いグラスにあふれるようにして盛り付けられたパフェやサンデー類が並んでいる。その中にファルーダもあるのだ。

こうした業界で働いた経験をもとに、ドバイから帰国してケーララの都市部ではじめたレストランには当然ながらドバ

ハイデラバードで出されたファルーダ

イ式のファルーダが置かれることとなった。その巨大で派手なファルーダは、インドのほかの地域とは明らかに一線を画すものである。今やファルーダはケーララの地にすっかり定着し、なんとファルーダ専門店まであるほどなのだ。

ケーララのド派手なファルーダ

ファルーダ食べ歩き旅

インドに伝来したファルーダが、三つの経路を経てそれぞれ特異な進化を遂げた。ではインド亜大陸において、どこの店でどんなファルーダが食べられるのか。いわば三分類したファルーダの食べ歩き実践編である。

まずは第一のファルーダ。パキスタン北部からインド北部の都市部にかけて見られる、最もクラッシックなタイプである。訪れたいのは、古都ラクナウにあるPrakash Ki Mashoor Kulfi（プラカーシュ・キ・マシュール・クルフィー）。一九五六年創業の老舗である。店のメインはクルフィーと呼ばれる、ミルクを加工したインド古来の冷菓がメインだが、西洋のアイスクリームがウエハースを添えて出されるのと同様に、クルフィーにはファルーダが添えられる。店に入ってオーダーすると冷凍庫からクルフィーを皿にのせ、その上から傍らのバケツにモリモリと入ったファルーダを「むんず」と摑むやバラバラと散らすようにしてかけてくれる。ファルーダ自体には味がないので、甘いクルフィーの「箸休め」的な存在なのだろう。ちなみにこの店のファルーダは、無着色の白色とフードカラーで黄色く色づけされた二種類が混合されて出てくる。

デリーにあるGiani's di Hatti（ギアーニーズ・デ

Giani's di Hattiの店頭。グラスに入ったラブリー・ファルーダが有名

ィ・ハッティー）はその名の通りパンジャーブ系の経営者による店（ハッティーはパンジャーブ語で「店」の意味）。旧市街の目抜き通り、チャンドニー・チョウクで一九五六年から続くこの老舗は、ミルクを煮詰めて作る乳菓ラブリーを混ぜたラブリー・ファルーダが有名だ。カウンターの奥にデンと座ったおじさんの前には分厚いガラスのグラスに入ったファルーダとラブリーが並んでいる。そこに少量の氷を入れ、大きな手で小ぶりのスプーンを持ってカチャカチャとよく混ぜてくれて完成。氷を使う点が衛生面でやや心配ではあるが、酷暑の厳しいデリーにあってこの得難い清涼感は格別だ。店といっても中にテーブルなどはなく、客たちは皆、路上に立って食べている。インド人客に混じってファルーダを啜ってみれば、いっぱしのデリー・ワーラー（デリーっ子）になった気がしてくるから不思議である。

続いて第二のファルーダ。この形態が現在、最もインド国内で幅を利かせていてスタンダードといっていい。一九世紀以降、イギリス支配下で繁栄したボンベイ（現ムンバイ）でイラーニーと呼ばれる人たちによって、第一波とは全く異なるビジュアルのファルーダがもたらされた。ただしどんな料理も「ウチが元祖だ」と主張したがるインド人の中で、ファルーダだけはそういう主張を聞かない。どの店の誰が発祥なのかは不明なのだ。

ムンバイやハイデラバードといった街では独自の存在感を放つイラーニー・カフェ。しかし一九五〇年代のムンバイで約五五〇軒存在していたのをピークに今や二五軒にまで激減してしまっている。Kayani&Co.はそんな数少ないイラ

ムンバイのKayani&Co.で食べたファルーダ

老舗の渋さが充満するKayani&Co.店内

ーニー・カフェの一つ。ここでいただくファルーダはもはやクラッシックの様相を呈していて、古き良きボンベイを偲ばせる一品だ。

最後に第三のファルーダ。中東の湾岸諸国帰りの飲食店経営者が持ち込んだ中東の香り漂う料理文化が、ケーララ州のみならず今やインド飲食業界の一つのトレンドとなっている。ファルーダもまた然り。パフェ用の背の高いグラスに、バジルシード、ピンクや緑色のシロップ原液、ドライフルーツから生フルーツ、ソフトクリーム、果てはチョコレート味のビスケットまでもが飾りつけられ、ビジュアルのド派手さは第二波のそれを大きく凌駕している。ましてや第一派の地味な見た目のファルーダとはとても同じ名称の食べ物とは思えない。肝心の麺はというと、見た目の派手さを優先するあまり、申し訳程度にしか入っていないものが多い。タミルあたりまでいくと麺すら入っていないファルーダにお目にかかることがある。「これがファルーダだ」という定義がきわめて曖昧なまま伝授・伝達されていくうち、語源だったはずの〈ファルーダ＝麺〉の存在そのものが忘れ去られてしまった例であり、なんともインドの食文化らしいお話ではある。

この最終形態というか、最も奇抜でSNS映えしそうなビジュアルを持つファルーダは、ケーララ州コチを中心に数店舗展開するThe Big Faloodaや、同じくケーララ州コリコーデにあるFalooda Nationといったファルーダ専門店に行けば出会える。さすが専門店だけあってメニューは上から下までファルーダの一気通貫。ロイヤルとかビッグなどの仰々しい名前のついたファルーダをオーダーすれば、とても一人では食べきれないほどの巨大でド派手なものが登場する。ご多分に漏れずインドもインスタやYouTubeが流行っていて、この種のファルーダはコンテンツを求める人々の格好の映え素材と化している。他のテーブルを見ると嬉々としてファルーダ片手に格安スマホでセルフィー動画を撮るインド人たちの姿が目に入る。それもまた、現代インド社会における最先端の食のトレンドを象徴する光景の一つである。

ケーララ州コリコーデにあるFalooda Nationのビッグ・ファルーダ

チャパティ

チャパティと緑の革命

地平線まで続く黄金色に輝く麦畑。その中を、ターバン姿の屈強な男たちがTATA社製の巨大トラクターで縦横無尽に駆けめぐる。北インドの一大穀倉地帯、パンジャーブの収穫期の風景である。ここで収穫される小麦粉（アーター）こそ、北インド人の日々の食生活に欠かせないチャパティの源泉となるのだ。

冬作物の小麦は、乾季に入る一〇月から十一月にかけて播種され、約五ヶ月たった春先に一

見渡す限り小麦畑が広がるパンジャーブの平原

斉に収穫期を迎える。北インドではこの期間を「ラビ」と呼び、小麦のほかマスタードやゴマなどの作物が植えられる。現在インドの小麦生産量は世界第二位を誇り、ウクライナ戦争勃発前までは世界第三位の輸出大国でもあった（戦争勃発後、国内需要を優先するためインド政府は原則的に輸出を禁止した）。この圧倒的収穫量により、北インドの人々は日々何不自由なくチャパティを焼き、ギー（精製した発酵バター）を塗って豊かで美味しい食生活を謳歌している。

しかし、今日のような豊かな北インドのチャパティ・ライフを、今から約六〇年前に一体誰が予測出来ただろう。当時インドは深刻な食糧危機に陥っていて、それを救ったのが「緑の革命」と呼ばれる国際的な農業技術改革だった。さらに改革の元となった農業技術の一つに、日本で開発された小麦品種が少なからず関

大衆食堂で焼かれるチャパティ

与していることを知る人は少ない。

イギリスから独立直後の一九六〇年代、インドは急激な人口増加に加えて旱魃などの気候変動が重なり深刻な食糧危機に瀕していた。政府は国際社会に救援を要請。すると一九五〇年代に同様の食糧危機に陥っていたメキシコで、先行して成果を上げていた小麦品種がインドにも導入されることになった。この品種はロックフェラー財団の後援による米国人ボーローグ博士を中心とした研究者チームによって開発されたものだが、元をたどれば戦前の日本の農業試験場で農学者・稲塚権次郎博士の主導のもと開発された「農林一〇号」とメキシコ在来品種の交配種だった。農林一〇号は日本在来品種を祖とする、風雨に強い茎の短い品種で、その農業技術が敗戦によって米国政府に接収されたのだった。

食糧危機のメキシコを救ったこの新型交配種はインドに導入され、その後ボーローグ博士の共同研究者だったインド人農学者スワミナータン博士らによってインドの風土に合うようさらに改良がほどこされて当初、パンジャーブ州を中心に播種された。

この新品種の生産能力はすさまじく、一九六三年から一九六七年のわずか四年間で収穫量は倍増。小麦の輸入国だったインドは数年のうちに完全自給を達成。さらに土壌の改良、灌漑の充実、肥料の開発、電動ポンプによる地下水の汲み上げ、トラクターなど農具の機械化などの農業改革が進んだ結果、小麦の輸出国へと逆転し、その後二〇二〇年代にかけて世界第三位の小麦輸出大国へと昇りつめていくのである。

パンジャーブをはじめとする北インドでは、冬作物である小麦を播種しない、夏場の期間中に米作をするようになり、もともと米食習慣のあまりなかった北インド人の間に日常的な米食文化を根付かせた。さらに政府による余剰穀物の買い上げによって貧困層を対象とした配給制度や公的備蓄も拡充することとなった。

この一連の世界的な農業改革は「緑の革命」

80年前の電動製粉機を現在も回す製粉屋

と呼ばれ、インドやパキスタンをはじめとする世界中の人々を貧困から救ったとしてボーローグ博士らに一九七〇年ノーベル平和賞が贈呈された。ちなみに北インドで小麦の「緑の革命」が進行していた同時期に、南インドでは米の「緑の革命」が進行していた。この時導入されたＩＲ８米という改良品種（ＩＲとは「インド・ライスの略称」）も、実は戦前の日本統治下の台湾に置かれた農業試験場での研究がかかわっている。その話はまた別の項で紹介したい。

かくしてインドは世界有数の小麦大国となり、人々は飢えることなく日々のチャパティを食べられるようになった。チャパティだけではない。パラーター、サモサ、プーリーからナン、クルチャー、バトゥーラまで、バラエティー豊かな小麦料理を謳歌している。ちなみに統計をみると、例えば一九五〇年代のインドの穀物生産は米（40％）雑穀（30％）小麦（12％）という順だったが、一九八〇年代になると米（40％）小麦（31％）雑穀（17％）と小麦と雑穀が逆転している。つまりこのデータからは、一九五〇年代のインドでは、小麦よりも雑穀が多く作られていたことを示唆している。北インドは小麦文化圏といわれるが、「緑の革命」以前までは雑穀食がかなりの比率を占めていたことがわかる。

バジラ（トウジンビエ）やコド（シコクビエ）といった、灌漑設備の行き届かない悪環境でも育つ、値段の安い雑穀しか口に出来なかった層も「緑の革命」以降は日常的に小麦を食べられるようになった。その一方で、豊かになった食事により肥満や成人病が急増したことから、ここ数年は雑穀食が政府の肝いりで見直されてもいる。しかし既に多くの雑穀農家が小麦農家へと転換した今、かつて安物の代名詞だった雑穀を作る農家は減り、そのため雑穀が希少となって価格が高騰するという皮肉な現象も起きている。また「緑の革命」以前に育てられていた、カプリ、バンシ、カティア、ロクワンなどの生産性こそ低いもののインド在来である小麦品種が近年見

製粉前の小麦粒

直されつつある。チャパティをこねる風景に象徴される、一見伝統的に見える北インドの小麦食文化だが、農業技術改革とその反動も含めて、構成する成分は近年急激に変化したものなのである。

家庭料理と外食料理

「インドの家庭ではナンは食べません。チャパティを食べるんです」

インド料理に関心のある方ならば、そんなインド人の言葉を耳にしたことがあるだろう。実際、広いインド亜大陸を旅すると、ナンよりチャパティに接する機会の方が圧倒的に多い。とりわけ家庭内においては、以前説明したように焼くのにタンドールという特殊な装置が必要なナンは家庭では一般的ではなく、簡素なかまどと鉄板さえあれば焼けるチャパティやローティーが主流となっている。生まれて初めてナンを食べた地が、仕事で訪れた日本だった、などというインド人すら少なからずいるほどだ。

北インドの農村を訪ねると、いまだに手回しの石臼（チャッキー）を現役で使っているところがある。チャパティにしろプーリーにしろ、基本的に昔ながらの家庭では小麦は皮付きのまま備蓄し、料理の都度、あるいは少なくとも一週間に一～二度は石臼で挽いて製粉している。

今でこそインドの都市部に林立するスーパーの食料品売り場に行けば、各メーカーによるアーター袋がずらりと並んでいる。一キロから五キロ、中には二〇キロ入りの大袋もある。袋の表には購買意欲をそそる、文字通り小麦色した小麦粒の写真や絵が入ったものが多い。しかし多くのインド人にとってこうした袋入りのアーターよりも、その都度石臼で挽いて製粉したアーターの方が圧倒的に好まれる。粉モノは製粉したて、挽きたてが一番美味いからである。

スパイス同様、最も風味がよいのは挽いた直後。製粉して時間が経過すればするほど劣化していく。だからチャパティは鉄板で焼く直前に石臼で挽くのがベストであるのは間違いない。そうはいっても忙しい現代人にとってその都

農家の台所の片隅にある石臼

度ゴリゴリと石臼を回すことなど不可能だ。かくして需要に応えるべく、スーパーには今日もアーターの大袋がところ狭しと陳列されるわけだが、かといって石臼でアーターを挽く習慣がなくなったかといえばそんなことはない。実際、北インドの農村を訪れると今でも昔ながらの石臼挽きのアーターを挽いていて、運がよければ極上のチャパティのご相伴にあずかることもある。とりわけガスの火ではなく、かまどの薪火でじっくりと焼き上げられたチャパティの味は、工場で大量製粉されたアーターとガスの人工的な火で作ったチャパティにはない、豊かな風味と滋味深さを与えてくれる。

しかし無邪気に自宅に招いてくれる主人にすすめられるがままに食べさせてもらう、風味豊かなチャパティを作る陰で、その家の女たちがどのような努力をしているかについても、同時に想いを馳せる必要はある。

彼女たちは朝の暗いうちから起きて備蓄してある小麦粒（ゲフン）を石臼にかけて挽いたアーターに水を加えて捏ねはじめる。生地をしばらく寝かせる間、かまどに薪で火をおこし、安定しない火加減でサブジーやダールを調理。次いで一枚一枚チャパティを焼いていく。ようやく寝床から起きてきた家の男たちに食べさせたあとで、自らは残りもので簡単な食事を済ます。夫と共に額に汗して農作業するかたわら、水がめを持って井戸まで水くみに出る。家に戻って掃除・洗濯・繕い物といった家事をこなす。昼や夜には再び食事作り。こうして田舎の女たちの一日は、膨大な時間と労力とを家事と労働に費やしながら過ぎていく。この環境下で焼き上げられるのが一枚のチャパティなのだ。一方で、男たちがチャパティを作るなどということは決してない。この手の村の生活は美談として語られることが多いが、それを下支えしているのは一人一人の女たちの壮絶な家事労働なのである。

似たような話は、かつてカシミールを旅していた時にワザの人たちからも聞いた。ワザとは

かまどの火でチャパティを焼く農村の女性

カシミール地方で宴席料理を専門で作る調理職人たちを指す。彼らの作る山羊肉を中心とした料理はワズワーンと呼ばれ、婚礼宴などには欠かせないごちそうである。とある結婚式に招かれた私は、このワズワーンのご相伴にも預かることとなった。こんな凄い料理を作るのだから、家のごはんもさぞや豪勢であるに違いない。期待した私はワザたちに質問した。

「ご自宅でもよく料理をするんですか?」

するると長老格の一人が言下に否定した。

「我々が家で料理を作ることなど決してない。それは女たちの仕事だ」

それまでフランクに受け答えしてくれていた彼らだったが、その瞬間表情がにわかにこわばった。私は何か聞いてはいけないことを聞いてしまったかのような気まずさを感じた。

家事としての料理は、彼らにいわせると「金の取れない家仕事」となる。そしてそれらはすべて女性の役割とされるのだ。一方で、さばいた山羊の肉塊を斧のような大刀で細かく破砕し、歯ごたえがなくなるまで数時間も木槌で叩き続けるといった力作業が朝まだ暗いうちから夜更けの宴会直前まで続くなど、ワズワーン調理にはきわめて強い体力と忍耐力を集団で必要とする。端的にいって肉体労働であり、こうした仕事こそ「金の取れる男の仕事」であると彼らは認識している。

彼らにとって家庭料理と外食料理とをわける分水嶺は、「男の仕事」か「女の仕事」かの判断に基づく。家庭料理とは女の仕事であり、対極的に家庭では不可能な、強固な労働を伴う非日常料理こそがあるべき男の仕事＝外食料理となる。マッチョな男の料理仕事の最たるものがワズワーンであり、その対極となる、女性性が求められる家庭料理の象徴がチャパティなのである。

上／男の仕事とされるワズワーン調理
下／カシミールの農村の台所。チャパティはこの素焼き板で焼かれる

インド各地のチャパティ

前項と矛盾するようだが、インドでは外食店において必ずしも常に豪勢なごちそうだけが求められるわけではない。外食店を普段使いするような層からは、ワズワーンのような豪華で非日常的な宴席料理ではなく、むしろ日常食べているものに近いものが求められる。日本でいうところの定食屋のような存在だ。

農村部のような自宅と働き場が近い「職住近接」の環境であれば昼メシ時に家に帰って食べたりも出来ようが、都市部で働く人たちにとってそれは難しい。単身で働く人ならなおさらだ。そういう理由で、インド各地の大衆食堂では日常食たるチャパティもまた置いているのである。おかず類はともかく、チャパティにだけは家庭性を求める客が多いせいか、男のスタッフが大半を占める厨房内にあって「チャパティ焼き場」だけは女性にまかせている店が少なくない。おばちゃんスタッフの慣れた手つきを見て「ああ、この店は大丈夫そうだな」とインド人客は安心するのである。

そんなチャパティだが、広大なインドでは地域によって味も形状も異なるのが面白い。そんな各地各様のチャパティをご紹介していきたい。

まずラージャスターン。我々日本人が一般的にイメージするチャパティ像に最も忠実なのが、このラージャスターンにおけるチャパティだろう。直径は約二〇～二二センチメートルほど。水と少量の塩を加えたアーターを、捏ねた生地からピンポン玉サイズに取り分け（これをローイーという）、ベーラン（伸ばし棒）で平たく成形したのち鉄板で焼く。しばらくしたら直火にかけぷっくりと膨らませ、表面にギーをたっぷり塗布していただく。このインド料理の原風景のような光景はやはり家庭的なものだが、ラージャスターン州内の街中に点在する、「ボージャナーレヤ」などと呼ばれる古いタイプの食堂でも食べることが出来る。中には近代的なガス設備

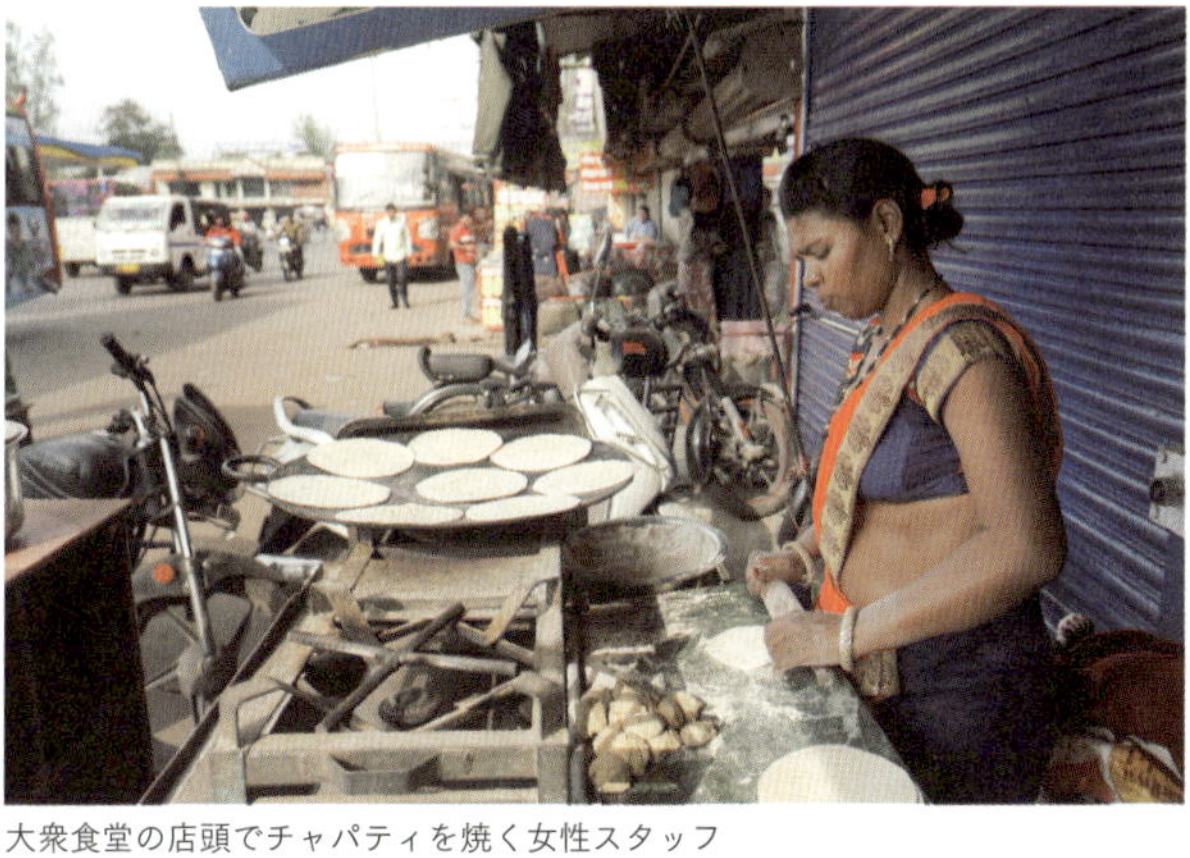

大衆食堂の店頭でチャパティを焼く女性スタッフ

を否定して、今も薪や炭火を使ってチャパティを焼き続けている店も少なくない。

続いてアーンドラ。実はラージャスターンあたりで食べられる北インドタイプのチャパティは、アーンドラではフルカーと呼ばれる。フルカーとはヒンディー語で「ぷっくり膨れた」という意味で、例えば北インドタイプのチャパティが鉄板で焼かれ、仕上げに直接火の上に置かれると空気が入って膨らむさまを表す言葉として使われる。だから北インドでは調理過程で「チャパティをフルカーする」などと言われたりするが、これがアーンドラ地方に行くと意味合いが変わり、北インド式のチャパティそのものを指す言葉となる。それとは別に、アーンドラには特有の土着化したチャパティがある。

ラージャスターンのボージャナーレヤ

アーターに水とごく少量の塩を加えるだけの北インド式のチャパティと異なり、アーンドラの土着チャパティにはペルグ（ヨーグルト）や完熟バナナ、油などがたっぷり練り込まれていて、単体で食べてもほんのり甘い味付けとなっている。これにココナッツ・チャトニーを合わせて、ドーサやウタパムと同じように一枚ものの鉄板焼きティファン（軽食）として食べるのだ。形も北インドのきれいな円形とは違い三角形に近い。主食として食べる北インドのチャパティを連想して注文すると面食らうのだが、これはこれで美味しく、土着化して南インドのティファン文化に吸収されたことが読み解けて興味深くもある。

国境を越えた向こうにも、特徴的なチャパティがある。パキスタンではチャパティという名称よりもタワー・ローティーの名で呼ばれることが多

アーンドラのミールスに置かれたフルカー（右端）

い。このタワー・ローティーだが、北インドあたりで食べられている一般的なチャパティの二〜三枚分はあろうかという大きさがある。厚さも重みもどっしりしていて食べ応え十分。これでダール・ゴーシュトとかチキン・カラーヒーなどのパキスタン料理をガッツリとはさんで食べ進めていく。

インドの大穀倉地帯、パンジャーブ州の中心都市・アムリトサルの名を高らしめているのが「黄金寺院」と呼ばれるスィク教の総本山、ハリマンディル・サーヒブだ。インド国内外から多くの巡礼者、参拝者を集めるこの寺院における目玉の一つが、寺院内部で出される無料の施食=ランガルである。

一日約七万人以上ともいわれる来場者は主本尊である聖典「グル・グラントサーヒブ」をお参りしたのち、ランガル・ホールと呼ばれる巨大な食事場へと向かう。寺院の門をくぐるものは宗教や身分、地位の上下にかかわらず、同じ釜で作ったメシを一列に並んで等

パキスタン式の大きなタワー・ローティー

しくいただくという共食儀礼は、今なおインド社会に色濃く残るカースト制を否定する、当時としては改革的な実践行為であり、スィク教の教義の中でも最も名高いものとなっている。実際、大勢の巡礼者たちが一斉に食事をするさまは正に宗教的で圧巻というほかない。その料理作りはセワと呼ばれる大勢の無料奉仕の人たちによって成り立っている。

一日に作る食事の量としては世界最大ともいわれる厨房で出されるチャパティは、セワたちによって手で一枚一枚成形され手焼きされているが、さすがにそれだけだと追い付かないらしく、電気式のチャパティ・マシーンも活躍している。伝統を重んじながら、要所要所で近代的テクノロジーを導入する合理性は躍進する現代インドを象徴するかのようだ。いわずもがなだが、寺院での食事はいくら無料とはいえ、感謝の念を込めていくばくかの喜捨は心したいものである。

黄金寺院で活躍する電気式のチャパティ・マシーン

ドーサ

南インドの米事情

「本格的な南インド料理とは？」と問われて、ミールスと共にドーサを挙げる人は多いだろう。例えばこれから日本のどこかで開業しようとする南インド料理店のうち、ドーサをメニューに置かない店はほとんどないはずだ。今やドーサは、南インドを象徴する料理として日本でも広く認知されている存在となっている。

雑穀やラヴァ（セモリナ粉）といった例外はあるものの、南インドの軽食店で出されるドーサ

タミルの田園風景

は基本的に米およびウラッド豆とで出来ている。今回はこのドーサの主原料たる南インドの「米」事情に着目したい。

「チャパティ」の項でもふれたが、独立後まもなくインド全土を旱魃が襲い、全国的な食糧危機にみまわれた。北インドでは小麦が、南インドでは米が壊滅的に採れなくなった。その食糧危機のインドを救ったのが、北インドでは戦前の日本で開発された「農林一〇号」を祖とする生産性の高い小麦種であり、一方の南インドではやはり日本統治下の台湾農業試験場の調査で見つけた在来稲を祖とする「IR8」だった（IRとはインディアン・ライスの略称）。

台湾の在来稲は第二次大戦後、国際イネ研究所（IRRI）でさらに品種改良され、一九六〇年代のインドに導入。このIR8は病気や連作に強く、悪条件下でも高収穫出来ることから「奇跡の米」と呼ばれ、のちに世界中で栽培されて当時の食糧難を救っていくことになる。これが「緑の革命」である。IR8はインド国内でその後さまざまに改良され、後継品種のIR20やIR50などは今でもタミルの市場で売られている。

この高収穫米が導入される以前、北インド同様、タミルをはじめとする南インドの各地では伝統的に雑穀が食べられていた。雑穀とはヒエ（カンブー）やアワ（ティーナイ）などで、稲よりも劣悪な環境で育ち価格も安かった。調理法は主にクール（粉末を発酵させた粥）やカリ（粉末を水で練った団子）にして食べられていたが、薄焼きのドーサも作られていたという。今でもタミルの農村部に行くと、昔ながらの雑穀食を続けている人々は少なくない。

「緑の革命」による高収穫米の導入は、一方で安い米を安定供給させることで南インド人たちを食糧危機から救い「南インドはコメ文化」といわれるまでに至らしめたが、他方で南インド人の雑穀ばなれを生じさせた。皮肉なことに雑穀の方が白米よりも健康的であることから近年では再評価がすすみ、インドは政府をあげて雑穀食キャンペーンを行っている。

自宅外のかまどで米を茹でる

「緑の革命」後、インド政府は食糧危機への反省から、米など穀物や油の政府備蓄の拡充とそれを貧困層へと配給する制度（PDS）を確立した。農家が収穫した米は市場に出まわるほか、余剰分は政府によって買い上げられる。農家としては安心して増産することが出来、政府は市場がひっ迫すると放出することで穀物価格を安定させることが出来た。ちなみに米のほか、小麦、油、砂糖、塩などが月に二回配給される。ひと昔前、私も街なかで十人程度の行列を見かけたことがある。「何に並んでいるのですか？」と聞いたらそれが配給を待つ人たちの列だった。

配給される内容は、たとえ同じタミル・ナードゥ州内でも住んでいる各自治体によって異なる。ちなみにタミルの場合、配給される米はパッチャ・アルシー（生米）とプルンガル・アルシー（パーボイルド米）の二種類となる。

もみ摺り前のタミルの米

パッチャ米とプルンガル米の違いは脱穀時の加工によるもので、パッチャ米は収穫した稲を乾燥し脱穀した殻つきの「もみ」から、単に機械で「もみ殻」を取っただけもの。日本の農家でも一般的に行われている作業である。一方プルンガル米は殻つきのもみの状態で湯に数時間浸し、外皮の内部で発生した米ぬかが粒に十分コーティングされたのち、もみ殻を取る方法。こうすることで米粒が硬くなり割れを防ぐだけでなく、栄養価も高まり、防虫効果もあるという。色味はパッチャに比べてやや黄色く、微弱な米ぬか臭を発する。(地域やカーストによるが)食べ方は単に茹でてライスとして食べるのはこのプルンガル米の方。大衆食堂のミールスとしてワシワシと食べられる。一方パッチャ米は主にポンガルにするか、場合によってはイドゥリやドーサ、ウタパムなど加工料理にして食べられている。ただしイドゥリ、ドーサの生地にはパッチャ米だけでなくプルンガル米も混ぜられる。

そしてプルンガル米、パッチャ米かを問わず、配給米の質は低かったという。

「臭いもあって、配給米はあんまり美味しくなかったね」

そう語るタミル人は多い。古米なども混じっていて、多少金を出してでも店で買った方がよかったという。食べ方もそのままライスとして食べるよりもドーサなどに加工して食べることが多かった。理由はウラッド豆を混ぜて発酵させ、油を使って薄く焼くドーサにすることで、質の良くない米の風味をゴマかせるからだ。また人々が配給で得た米を低額で買い取る業者もいた。彼らは買い集めた米をティファン屋に転売するのである。

これもタミル人に聞いた話だが、質の良くない配給米を発酵加工して食べる場合、その発酵の進み具合でイドゥリにするかドーサにするか変えるのだという。イドゥリは発酵したてを蒸すのが美味いとされる。挽いた米とウラッド豆とを混ぜて一晩寝かせて発酵生地を作る。発酵直後の朝がイドゥリ作りにはちょうどいい時間帯なのである。

蒸したてのイドゥリ

しかし時間が経つにつれ発酵は進み酸味が増してくる。そうなると美味しいイドゥリは作れない。かといって毎朝毎朝新鮮な発酵生地を作るのは時間的余裕がなければならない。だから「イドゥリを毎朝作れるのは裕福な人」だとタミル人は思うのだという。そうでない家庭では、一度作った発酵生地を数回に分けて食べることになる。イドゥリにするのは発酵直後だけ。時間が経ち酸味が強くなってくるにしたがいイドゥリにせずドーサにしていたという（もちろん現在ではイドゥリとドーサの生地配合を変え、それぞれの生地で作り分けている家庭が多い）。

現在、日本国内で南インドを象徴する料理として華やかな脚光を浴びるドーサだが、タミル

収穫されたタミルの新米

現地ではそのような側面もあるのだ。

崩壊するヘルシー概念と重い軽食

前項のとおり、タミル人は米をパッチャ・アルシー（生米）とプルンガル・アルシー（パーボイルド米）とに区分けし、食べ方もそれぞれ変えている。それは単に好みというより、もっと深く宗教的な概念と結びついているように感じる。

大衆食堂のミールスとしてワシワシと食べられるのはプルンガル米の方である。一方、日本米と同様（パーボイルド加工しない）パッチャ米をワシワシ食べるのは「消化によくない」のだとタミル人はいう。確かにパーボイルド米はもみの中で米粒がぬかによってコーティングされるのでパッチャ米より栄養価が高いとされ、消化吸収がゆっくりであるため血糖値の上昇も穏やか。さらに腹持ちもよく、農作業などの肉体労働に最適だとされている。そのイメージが増幅され、中には「免疫力を高める」といった珍説をとなえるタミル人もいる。

一方、パーボイルド加工していないパッチャ米であっても「消化上問題ない」食べ方がある。それがドーサやイドゥリ、ポンガルなどにして食べる方法である。浸水して石臼で挽くなどして米粒が見えなくなるよう加工すれば消化上問題ないとされている。

インド人の食を考える時、この「消化によいかどうか」が割と重要な基準となる。消化とはつまり食べ物からの栄養素がきちんと体内に吸収出来たかどうかであり、消化不良をおこして体外に排出されてしまうことは最も避けなければならない。この考え方が根底にあり、ドーサやイドゥリといったパッチャ米を混ぜた料理でも米粒が見えなくなるまで加工すれば消化不良をおこさずきちんと体内に吸収出来ると考えられている（逆に、パッチャ米だけを茹でて昼のライスとして食べるのは「消化によくない」というタミル人は多い）。

このドーサやイドゥリはカテゴリー上、軽食（ティファン）に分類される。実際に茹でてライスにして食べるごはんと、ドーサやイドゥリに加工して食べるごはんとカロリー的にはさほど変わらず、むしろ軽いか重いかの差は単に食べる量によって左右されるはずだが、やはり朝と晩はドーサで「軽く」済ませたい人が多い。これは日本人のパン食・ごはん食に対する考えと似ているかもしれない。昼は定食を食べる人でも「朝は軽くパンで」という人は多い。しかしタミル人にとって「軽く」食べられるはずのドーサは油が多用されていて、さほど軽さは感じないのだが、この感じ方に地域差、文化差が出るのだろう。

　タミルには「消化によくない」パッチャ米を日々の常食としなければならない人々がいる。タミル・ブラーフミン（バラモン）と呼ばれる人々である。彼らは司祭職という立場上、人間界では最も神様に近い存在とされている。（宗派にもよるが）基本的にヒンドゥー教では神様には日々儀礼を捧げ、まるで相手が生きているかのように食事も食べさせなければならない。この神様に捧げる食事を「ネイヴェダム」と呼ぶ。ネイヴェダムを神様に食べていただいたあと、その食べ残しを人間たちはありがたくいただく。この神様の食べ残しを「プラサーダム」という。

タミルの小さな祠に捧げられたネイヴェダム

ネイヴェダムを調理する過程で注意しなければならないことがある。それは「決して味見をしてはならない」ということである。崇高なる存在である神様は、食べ残す側の存在であって人間の食べ残しを与えられる存在ではない。しかし万が一、調理途中で味見をしてしまった場合、それは「人間の食べ残しを与える行為」と見なされてしまうのである。だから調理途中で味見しないし、子供が何気なくつまみ食いしてしまったような場合はネイヴェダムとしての価値が無に帰すため、最初から作り直さなければならなくなる。

実はプルンガル米そのものについても同じことがいえる。プルンガル米とは人間が食べる際に、消化しやすいよう、あるいはよく栄養がとれるように人為的に加工された米と解釈出来る。この「神前に供えられる前の人為的な加工」は、ヒンドゥー教的には不純とみなされる。神々に捧げられる食べものは、人間という不純な媒介を通さず、よりダイレクトに自然な素材とつながらなければならない。だから神々に捧げる供物にはパッチャ米を使う必要があり、神々に最も近いとされるブラーフミンたちもまた、パッチャ米を摂取しなければならないのだ。

これは推測だが、プルンガル米はぬかによってコーティングされているので全体が黄色味を帯びている。ヒンドゥー教的価値観では純白に近いものが好まれるため、米もまた、より白いパッチャ米が好まれるのかもしれない。

　ダイレクトに自然素材とつながるという点では、例えば供物を載せるバナナの葉も同様で、祭壇に載せるためにむやみに裁断加工すべきではない。神にささげるのであれば、バナナの葉は一枚ものの、無裁断のものが望ましい。果物もまた、皮をむいたり一口サイズにカットするのはよろしくなく、ホールのままお供えしなければならない。もちろんこうした宗教上の規定に科学的根拠はない。ただそれが食材の選択からサーブの仕方、食べる方法から食器に至るまで、広く現代のインド食文化に影響を与え

タミルのミールスには通常、プルンガル米が使われる

ているのもまた事実なのである。

ドーサを求めてドサ回り

ドーサという言葉自体は古代タミルで書かれたサンガム文献にも登場した古いものであり、南インドを広く象徴する食べものであるが、より近視眼的に見ていくと、地域によって実にさまざまなドーサが存在することがわかる。本項では南インド各地の飲食店で食べられる、地域性豊かなドーサを紹介していきたい。

地域別のざっくりとした特徴としては、分厚い鉄板で大きく焼くのがタミル式。中にジャガイモのマサーラーが入ったマサーラー・ドーサが有名だが、具のないドーサに豆汁のサンバルをかけたり、内臓煮込みとドーサを合わせる食べ方もポピュラーだ。またカルナータカ州に行くと、日本のホットケーキ大のサイズで分厚く焼き上げた、バターの沁み込んだドーサが名物。一方アーンドラでは米を入れない、挽いた豆だけの無発酵の生地を焼いたドーサが有名だ。このように一口にドーサといっても南インドの各地でさまざまな作り方、形、味、素材がある。ではもう少し詳しく見ていこう。

まずはタミル・ナードゥ州。タミルのドーサはパリッと香ばしく焼き上げた、サイズの大きなものが特徴。それを焼くためのドーサッカルと呼ばれる巨大な鉄板は、分厚ければ分厚いほどよいとされる。ドーサに熱がじんわり柔らかく伝わるからだが、何よりも家庭の小さな台所では決してマネの出来ないドーサの大きさに、プロの作るドーサは違うぞ、といった気迫が伝わる。そんなドーサッカルのある厨房でとりわけ印象深く思い出されるのは、タミル中部の古都、ティルチラーパッリで入った一軒の老舗メス（大衆食堂）である。

大きめに仕上げられたドーサにタラッとかけられた薄めの、しかしコクのあるサンバル。カ

タミルのドーサは大きなサイズが特徴

リッと香ばしいドーサとの相性が絶妙で、この味を求めて広い店内は夜遅い時間にもかかわらず満席だった。

「せっかくだから、厨房の中で作っているところも撮っていきなよ」

バチャバチャ料理の写真を撮っている私を見て、スタッフの一人がそう声をかけてくれた。インド食器屋としては願ってもないことだ。薄暗い厨房に入っていくと、奥の方に赤く燃えさかる火がくべられた鉄板を前にしたドーサ職人の姿が見えてきた。黒く分厚い鉄板の傍らにあるのはなんと薪の束だった。インド人はガスよりも薪で調理したものを好む。もちろん、地域によってはガスより安価という理由で使われて

暗闇の中で一人鉄板と向き合うドーサ職人

いることもあるのだが、全身を汗で黒光りさせながら、巨大な炎と鉄板と「格闘」している職人の姿は、まるで火を制した原初の人類の姿を思い出させる神々しさに満ちあふれていた。

米を使わず、豆粉だけの無発酵のドーサがアーンドラ・プラデーシュ州にはある。ちなみにアーンドラではタミルなど他の地域で「ドーサ」と総称される料理を「○○アットゥ」とも呼ぶ。末尾の「アットゥ」が、いわば鉄板などで焼かれた粉ものの薄焼き料理を表していて、ペサラットゥ（ペサールアットゥ＝リョクトウのドーサ）、カンディアットゥ（トゥール豆のドーサ）、アトゥクラアットゥ（干し米のドーサ）といった風に使われる。ウラッド豆のドーサはミナパットゥ（ミナッパ・パップー＝ウラッド豆）である。これらは水で戻した豆をペーストにして焼いただけの無発酵のドーサである。

アーンドラ沿岸部の街グントゥールに行くと、ドーサに「プリホラ」と呼ばれる、酸味付けライスを具材にしたプリホラ・ドーサが名物となっている。炭水化物を炭水化物で包む焼きそばパン的なアイテムだが、双方の食味と食感が引き立て合ってなかなか美味い。

プリホラもドーサも共に古くからある伝統的な料理だが、それを組み合わせてしまうところに新しさがある。元来ドーサは屋台料理でもあり、時代と共に新しいスタイルが次々と登場する性格を持つが、それでも乾燥されたハナモツヤクノキの葉を数枚編んだヴィスタラク（葉皿）の上に載せて出されると、それはまるで供物のようなヴィジュアルとなり、あたかも古くからある伝統食のように見えてくるから不思議である。

　こうした伝統を喚起させる商法は他の地域のドーサでも見られる。カルナータカ州南部の古都マイソール（現マイスール）は古くから都として栄え、その壮麗な宮殿や、産出される白檀といったエレガントかつフレグラントなイメージ

アーンドラのプリホラ・ドーサ

からその地名がさまざまな料理名、商品名に付与されてきた。マイソール・パク（菓子）、マイソール・ボンダ（軽食）、マイソール・サンダル（香木）。マイソール・ドーサもその一つである。

ただしこのマイソール・ドーサ、実はマイソールの街ではなく、ムンバイ（当時はボンベイ）にあった屋台が発祥だ。ムンバイ名物にパウバジという、トマト味の野菜ペーストをパンにはさんだスナックがある。とある屋台主がドーサの具に、このパウバジを入れて「マイソール・ドーサ」という名をつけて販売。するとまたたく間に人気商品となった。マイソールとは当時のムンバイの人たちにとって「南インド」をイメージさせる地名の一つだったのだろう。だか

ムンバイ発祥のマイソール・ドーサ

らカルナータカ州のマイソールに行って「マイソール・ドーサください」と言っても「は？」と怪訝な顔をされるだけである。

　カルナータカ州といえばベンネ・ドーサの得がたい美味。タミルなど他地域でドーサを食べ慣れていると、ベンネ・ドーサがずいぶんと小ぶりに感じる。とりわけ「ペーパー・ドーサ」と称する、その名の通り紙のように薄く広く焼かれたタミルのドーサは昨今のＳＮＳの影響なのか、より見栄えを意識した巨大なものと化している。一方のベンネ・ドーサは直径二〇センチほどのコンパクトさ。ホットケーキを連想させるやや心もとないヴィジュアル。しかし一口食べればそんな先入観は雲散霧消する。

タバンゲレのベンネ・ドーサ

分厚い生地にはベンネ（ホワイトバター）がこれでもか、といわんばかりに沁み込んでいて、ひと噛みするとブシューっと口の中にあふれ出てくる。このベンネとクリスピーな生地とを楽しみながら、上質なパルヤ（柔らかく茹でたジャガイモに玉ねぎなどを混ぜた副菜）をさらに口中で合わせていく。食べ終えるのが惜しいほどの中毒性を持つ味である。

カルナータカ州北部ダバンゲレが発祥の地で、小さな街にそぐわないほどたくさんのベンネ・ドーサ屋が軒を連ねる。数あるドーサの極北ともいえるこの味だけを目的に、はるばるローカルバスでこの街を訪ねてみる価値は十二分にあるだろう。

西インド／ゴディノ

日本のインドレストランのディナータイム。料理にインドビールやワインを合わせる人も少なくないだろう。タンドーリー・チキンやティッカといった焼き物、油とスパイスの効いたカレー類はこうしたライトなアルコール類によく合う。純和風のカレーライスで酒を飲むという話はあまり聞かないが、インド料理は総じて酒との相性は悪くないはずだ。これは日本だけでなく、インドレストラン文化先進国のイギリスでも同様の楽しまれ方をされていることで証明されている。

そんな「インド料理をアルコールと共に」という楽しみ方が、しかし当のインド本国では必ずしも一般的ではないのはいかがなものか。そう、一部の高級ホテルなどを除き、インドの街なかにある大衆食堂やレストランでは料理と共に酒を楽しむことがほぼ不可能なのだ。もちろんBARの看板の出た少し大きめの店に行けば、多少気の利いた料理がメニューに並んではいる。しかしそこはあくまで飲むことを主体とした場であり、食べものの味や質は二の次・三の次という印象がぬぐえない。

そこに行くと天国なのがゴアである。ワインやフェニーと呼ばれるカシューナッツの果実酒まであらゆる酒が飲める、われわれ酒好きにとっての解放区だ。もちろん美味い料理と共にアルコール類という、日本なら当たり前の楽しみ方も可能。ふらりと訪れた街なかの食堂で、ゴア名物の魚のラヴァフライなどをアテに真っ昼間からビールを飲む腹の出たおじさん集団がいて、「ああ、なんてダメな人たちなんだ」と嘆く自分の前にもビールは置かれてある。つまりゴアとは自分のことを棚に上げたくなる場所なのだ。

そのゴアで、私が昔からよく訪れているのが中心街パナジ（パンジム）にあるゴディノ。脂身の多い豚を、汗をかくほど強い酸味のグレービーで包んだポーク・ヴィンダールーはねっとり甘いポートワインと共に。酸味と甘みと脂身とが交互に刺激し合う口の中に、ポルトガル伝来の香ばしいパウ（パン）を詰め込む。得も言われぬ至福のひと時だ。

酒を罪悪視するヒンドゥー教や、北インドを征服したイスラム教徒のイメージから、インドの飲食店では酒がメニューから排斥されている。それがゆえに「インド料理は酒に合わない」などという風説がまことしやかに流れるようにもなった。しかしイスラム王朝内部では酒に捧げる詩が何百遍も詠まれ、事実ゴアでは美味そうに酒と魚をほお張るヒンドゥー教徒たちであふれている。イメージと現実のギャップとはかくも大きいのだ。

せめてゴアの十分の一程度、ほかの都市でも自由に飲酒が出来たらなあと願う、慎ましいわれわれ酒好きなのである。

モモ

ネパール化したモモ

日本全国津々浦々。今やどこに行ってもインド料理店がある。そしてその多くがインド人ではなく、ネパール人による経営であるという事実もまた、多くの日本人が知るところとなって久しい。遠くからでもよく目立つ外観と、そこにはためくネパール国旗。特徴的な形状と鮮やかな赤色が、何よりもそこがネパール人の経営であることを雄弁に物語る。今や「インネパ店」などと略称され、チーズナンやバターチキ

インネパ店の代表的メニューであるモモ

ンといった老若男女問わず好まれるメニュー構成で、すっかり全国の地元社会に溶け込んだ感がある。

そのきわめて最大公約数的な、誰の口にも合うような料理を集めたメニューページの中に、必ずレギュラーとして収まっているのがモモである。モモとはもはや説明する必要もないほどポピュラーな料理となったが、あえて説明すると、味付けしたマトンのひき肉を小麦粉の皮で包んで蒸した小籠包のような食べ物である。メニュー上には「ネパール式ギョウザ」などという補足がつけられていることが多い。

いまや置いていないインネパ店を見つけ出す方が困難なほど、どんなインネパ店でも例外なく主力選手となっているこのモモ。ダルバートと双璧をなすネパールの代表料理のようにみなされ、当のネパール人自身もネパール料理の一つだと認識する人が少なくない。しかし、果たして本当にモモとはネパール料理といえるのだろうか？

ネパールの首都、カトマンズを歩くと街角や辻の至るところに「カジャガル」と呼ばれる軽食屋を見かける。カジャとはネパール語で「軽食」を表す。このネパールのカジャガルにはたいていモモを蒸すアルミ製の大きな蒸籠（ネパール語で「モモ・コ・バーロ」）が置いてあり、街ゆく人々がふらりと立ち寄っては小腹を満たしていく。注文すると薄いアルミのプレートまたは使い捨ての紙皿に十個前後入って一皿一八〇円～二五〇円ほど（具材による）。薄暗い店内で、常連らしき客が店主のおじさんまたはおばさんとする談笑をBGMに熱々のモモをほお張ると、いかにもネパールらしい日常の中にとけ込んだような気分にさせられる。しかしネパール社会にここまでモモが増殖したのは、さほど昔のことではない。

　ネパールにおいてモモは北方チベットからやって来た。ネパールの先住民族で仏教徒である

カトマンズのカジャガル

ネワール族の行商人は、かつてヒマラヤを超えチベットまで仏具・法具などを売りに行っていた。中にはチベットのラサで店を構えていた業者までいたという。ネワール族は工芸に秀でた人たちで、今もカトマンズ市内の寺院や住宅の壁面には彼らの手による見事な装飾を見ることが出来る。そのネワール族行商人が、チベットで食べられていたモモ（チベット語では「モックモック／mogmog」）をカトマンズに持ち帰ったのがネパールにおけるモモのはじまりだといわれる。ただしそのチベットもオリジナルではなく、中国内陸部から伝わったものだとする説が有力だ。チベットにはほかに、具なしの蒸しパンであるティーモモや、麺状にして茹でて汁と共に食べ

北インドのチベット人集落で食べたモモ。形状がネパールのそれとは異なる

るテントゥックやトゥクパといった小麦粉を使った食文化が中国内陸部からもたらされ、モモほどの知名度はないもののネパールでも食べられている。

ネパールでモモが一般化した経緯だが、あるネワール族の知人によると、一九六〇年代ごろに彼のお祖父さんが自転車の荷台に蒸籠を乗せ、カトマンズ市内を売り歩くようになったのが商売としてのはじまりではないかという。こうして商品化されたモモは、やがてその味と手軽さからまたたく間にファストフードとしてネパール全土へと広まったが、導入時の記憶から今でもモモはネワール族固有の食べものだと誤解しているネパール人は少なくない。

日本では主に調達ルートの関係でマトンが具材に使われることの多いモモだが、一般的にネパールでは水牛肉が使われる。これも最初に商品としてのモモを売り出したネワール族商人の影響だろう。標高の高いチベットにはそもそも水牛は生息していない。水牛肉を好んで食べるネワール族は、チベットから持ち帰ったモモに水牛肉の具材を入れてネパール化したのである。一頭あたりの可食部分の多い水牛は、山羊肉などに比べて今でも価格が安い。部位によって肉質は硬いが、ミンチにすることで使用可能な部位が拡がり食べやすくなる。宗教上の理由で水牛肉食に抵抗のあったネワール族以外の人たちにとっても、鶏肉や野菜など自在に中の具材を変える、あるいはクミンなどの香辛料を入れるといったカスタマイズが容易な点がネパール全土に広まった理由だろう。

インドでも同じことがいえるが、一つの料理が普遍化するかどうかは、その料理がカスタマイズしやすいかどうかにかかっている。ネパールはインドに比べれば人口も少なく面積も小さな国だが、それでも多くの異なる文化・宗教をもつ民族で構成されている。中の具を自在に変えることでどんな民族・宗教にも対応可能なモモは、正に不特定多数を相手にしなければならない商業料理を提供する側にとってたいへん都合のよい、売れるべくして売れた商品であるといえる。

そしてこの「カスタマイズのしやす

カトマンズ市内ではゴマ味のスープにひたしたモモが人気

さ」は、とりわけ隣国インドにおいて、現在の爆発的な拡散と増殖の起爆剤となった。今やインドにおけるモモを取り巻く状況は、チベットからネパール化したモモの変貌ぶりの比ではないほどに、大胆かつ不敵なものになっているのだ。

インド化したモモ

その日、私はデリー市内にある巨大ショッピングモールのフードコートにいた。好調なインド経済を象徴するように、大勢の買い物客たちがさまざまな店でショッピングを楽しんでいる。もちろん、広大な席数を誇るフードコートも、昼時ともなれば大勢の食事客が集まり、下手をすると席の確保すら難しい。何とか確保した一席に座り、さて何を食べようかと居並ぶテナントの看板をぐるり見回した。すると黄色地に黒と赤で店名が書かれた、よく目立つテナントが目に入った。Wow!Momoである。

Wow!Momoはコルカタにあるカトリック系大学の名門、セント・ザビエル・カレッジの学生だったサーガル・ダルヤーニとヴィノード・ホマガイが二〇〇八年の在学中に起業したテイクアウト型のファストフード・チェーンである。起業当初からショッピングモール内に店舗を出し、その後チェーン展開して店舗数を急拡大。二〇二四年現在インド全土に約六三〇店舗を展開していて「インドで最も短期間にチェーン展開した店」といわれている。出店場所はショッピングモールのほか空港や駅構内にもあり、そのハデな看板を目にした日本人旅行者もいるだろう。

　商品の主軸をモモにしたのは、起業した彼らがコルカタの学生だったことと無縁でないはずだ。コルカタには中華街があること、またネパール人移民の多いインド北東部と地理的にも近いことから、ほかの北インドの街に比べてモモの存在が比較的身近である。ただし起業当初から彼らの提供するモモは、ネパール文化圏で親

遠くからでも目立つWow!Momoの黄色い看板

しまれているそれとは大きくかけ離れていた。例えば私が強い違和感を持ったメニューの一つに「モモ・バーガー（店内名称はモバーグ）」がある。昨今、インドではバーガー・チェーンの店舗を目にする機会がふえてきた。マクドナルドは言わずもがな。バーガー・キングにＫＦＣといった外資系から、国産ブランドのバーガー・シンやワット・ア・バーガー、個性豊かな独立系、小資本系にいたるまで百花繚乱の様相を呈している。一九七〇年生まれの私は記憶にあるが、かつて日本でハンバーガーはアメリカ生まれのナウいヤングの食べものと認識されていた。おそらく現代のインドでも同様だろう。どんな具でもバンズではさめばアメリカンなイケてる料理と化す。かくしてインドではタンドーリー・チキンがはさまれ、パニール（インド式チーズ）がはさまれ、アールー・ティッキ（マッシュしたジャガイモ

これがモモ・バーガー

を揚げたもの）がはさまれてきた。すでにファストフードとして完成形だったはずのモモもまた、そうした発想のもとにバンズに無理矢理はさまれたのだろう。

Wow!Momoのモモ・バーガーは起業当初からあるメニューである。さらに同店のメニューには「グラタン・モモ」や「チョコレート・モモ」など、日本のインネパ店で慣れ親しんだ我々の想像の斜め上をいくようなモモ・メニューがラインナップされている。そのいくつかを食べる機会があったが、その味がどうであったかはあえてここでは言及しないでおきたい。

こうした従来の「モモ食文化」から大きく逸脱するような改造の仕方を、当のネパール人や

モモを主軸にしたさまざまなメニューが売られている

ネパール系インド人たちはどう見ているのだろう。われわれと同じように「なんじゃこりゃ?!」と思うのだろうか。とはいえ彼らとて、おなじく元来チベットで食べられていたモモを自らのテリトリーに移入し、自らの食文化にあわせて水牛肉を具材にするなどの改造をほどこしてはいるのだが。

西ベンガル州北部の街シリグリという街を訪れた時のことだった。街の中心部に瀟洒で立派なショッピングモールがあった。コルカタやデリーなどの大都市ではなく、こうした地方都市のショッピングモールには何が売っているのだろうという何気ない興味からふらりと訪問した

シリグリのショッピングモール内で並び建つ、二つのモモ店

私は、偶然、敷地内に隣り合わせに建っていた二軒のブースを見て思わず立ち止まった。かたや魔改造された「革新的」モモで全国展開するWow!Momoのブース。かたや地元シリグリのネパール系の創業者による、マトンやチキンといった具を包んで蒸しあげた「伝統的」モモを売るダージリン・モモのブース。よもやこんなところで伝統と革新のモモ対決が見られようとは。シリグリという街はネパール系住民も多く、「伝統的」とされるダージリン・モモの方が有利であるように思えたが、あにはからんやWow!Momoが善戦していたのが意外だった。

ちなみに現在、デリー郊外のグルガオンに進出している日本のカレー・チェーン最大手のカレーハウスCoCo壱番屋では、店内内装やインド人従業員による接客姿勢（入店するとインド人店員たちが日本語で「いらっしゃいませ」を連呼する）からトイレの便器メーカーに至るまで（ウォッシュレット付きのTOTO社製）日本にあまたある支店となんら変わらないことをウリにしている。メニューも一見、日本のものとさほど変わらない。しかし丹念に見ていくと、見た目は似ていても「ベジ・カツカレー」とか「パニール・スピナッチカレー」といったインド人用にわかりやすくカスタマイズしたカレーを見つけることが出来る。その中に

「ベジモモ・カレー」なるものが載っていることがひっかかった。

デリーのCoCo壱番屋は当然、インド人客への提供を想定している。つまりモモというインドにとっては外来であるはずの料理をトッピングしている理由は、それだけインド人の口にモモが膾炙《かいしゃ》した料理である（と、少なくともCoCo壱番屋側は想定した）と解釈すべきなのだろう。今やインド社会にモモは驚くほど深く浸透している。たとえその消費のし方が我々日本人とは全く異なるものであっても。

日本化したモモ

『料理と帝国』（レイチェル・ローダン著／みすず書

グルガオンにあるCoco壱番屋

房）によると、小麦粉の皮で詰め物を包んで蒸す／茹でる「ダンプリング＝饅頭（マントウ）」は中国内陸部で誕生し、その一部はチンギス・ハン率いるモンゴル軍の西征によって西アジアやヨーロッパに伝わったという。一方、古くから仏教の聖地だったチベットのラサなどには多くのモンゴル人巡礼者が訪れていた。チンギス・ハンのイメージから「モンゴル人＝イスラム教徒」のイメージがあるかもしれないが、実は現在でも最も多くのモンゴル人に信仰されているのは仏教、それもチベット仏教である。おそらくモモはこうした巡礼や交易を通じて中国内陸部からチベットへと伝えられた饅頭が、現地化したのではないだろうか。

インド・ラダックにあるチベット寺院でいただいたティーモモ

モモはその後かなり時代を経てネパールへと伝わり、次いでインドへと伝わっていった。ネパールに伝わる過程でネパール化がほどこされ、インドに伝わる過程でインド化がほどこされた。この「ネパール化・インド化」を分析することで、それぞれの地域の食の特徴や嗜好、禁忌がよくみえてくる。では現在多くのネパール人が飲食店ビジネスを展開している日本において、モモはどのような変化・変貌をとげているのか。その変化はネパール化やインド化と比べてどうなのか。ここからはそんなモモの「日本化」について考えていきたい。

日本のインネパ店でモモはほぼ例外なく主力選手となっている。休憩明けの時間帯などにこうした店を訪問すると、スタッフがテーブルの上でモモの皮から一枚一枚作って餡づめしている場面に出く

店内でモモの餡づめしているスタッフ

わすことがある。せっかくの休憩時間をモモの下処理にあてているのだ。それだけ人気メニューということなのだろう。

基本的にインネパ店でのモモは蒸し器で蒸され、ゴルベラコアチャール（トマト風味のつけダレ）と共に出されることが多い。メニュー表記も「モモ」のみである。しかしこれがより多くのネパール人客をターゲットにしたネパール料理店（メニューからインド料理要素を減らし、ネパール料理をメインに置いた店）の場合、数通りのバリエーションが見られるようになる。蒸し器で蒸されたオーソドックスなもののほかに、チリソースをまとったチリ・モモや油で揚げたフライ・モモ、日本の餃子のように鉄板で焼いたコテ・モモなどである。そしてこれら数通りのバリエーション・モモを数個ずつ、一枚の大皿に載せたものが「モモの盛り

モモの盛り合わせ

合わせ」となる。

「盛り合わせ」という概念はネパールにはない。つまりこれは来日したネパール人によって創作されたスタイルなのである。「盛り合わせ」と聞くと我々日本人は通常、刺身盛り合わせなんかをイメージする。おそらく発想の出どころはそんなところで、二〇一〇年代以降急激に国内に増加したネパール人留学生がアルバイト先の居酒屋で「発見」した提供方法なのだろう。こうすることで複数の味付けをしたモモを数人でシェアして楽しむことが出来る。今のところまだ見つけられていないが、今後こうした日本での提供ノウハウをそのままネパール本国で踏襲する店が出てきても不思議ではない。カトマンズ市内には日本でインネパ店（ネパール人資本のインド料理店）を経営するオーナーが出資する飲食店も少なくないのだ。

「ファイヤー・モモ」もまた日本発祥のモモ・バリエーションである。出どころは、とある日本人オーナーが展開するエスニック・レストランのチェーンで、インド料理やタイ料理をはじめとする多国籍なエスニック料理をウリにした、多くのネパール人従業員のいる店である。そのネパール人従業員の一人が、当時タイ料理用に使われていた鍋（モーファイ鍋）にスープモモを入れることを思いつき提供したところ、ネパール人の使うSNSなどで拡散され、インスパイアされたほかの多くのネパール人オーナーたちによってパク…いや追従されることとなった。当時、インド食器屋である私の元にも複数のネパール人オーナーたちから「タイの鍋はありませんか？」という問い合わせがあり、ムーブメントの一端を感じたものである。

ちなみにタイ鍋の真ん中にはエントツのような空洞が備わっている。これは中国で生み出された鍋の形状で、燃料に炭火を使っていた時代、空洞の中にも炭を入れることで全体により早く熱を回すためだといわれる（諸説あり）。実際にチベット経由でネパールに伝わった「ギャコック」という鍋料理でも同様にエントツ付きの鍋が使われていて、炭をその中に

ファイヤー・モモ

入れているシーンも目撃している。ただ燃料が炭火からガス火になった現代では、エントツは有形無実化している。しかしその有形無実を逆手に取り、エントツ内に点火した固形燃料を中に入れた新しいスープモモが「ファイヤー・モモ」と名付けられ、在住ネパール人らの間でちょっとした流行になったのだ。

このようにモモの日本化とは、日本で働く過程で出会ったホスト社会（日本）の文化と出身国であるネパール文化との化学反応の産物といえる。新たに来日するネパール人たちが今後どんな日本文化にインスパイアされ、どんな日本化されたハイブリッドなモモが生み出されるのか。そしてそれがいつかネパール本国に持ち帰られ、どのような「再」現地化がなされるのか。伝わりゆく国でまるでアメーバのように形状を変えていく、変幻自在の可能性を秘めたモモの魅力は尽きることがない。

チキン・マンチュリアン

インドにおける中華料理の登場

昨年（二〇二三年）の夏だったか、「インド中華」に世の注目がにわかに集まった。「町中華」や「ガチ中華」といった中華料理ジャンルが脚光を浴び、ネット記事やテレビ、雑誌などで取り上げられた結果、その余波の一つがジャンル違いのインド料理の一支流にまでたどり着いたかっこうだ。

「えっ、インドにも中華があるの!?」

「スパイシーな中華ってなんだか面白そう！」

大方の反応はそのようなものだった。しかし余波の力はさほど強くなく、インド中華メニューを出す店が増えたわけでも、ましてや大手コンビニが商品化することもなく、いつしか一般の人々の話題にのぼることもなくなっていった。

日本では中華料理はもはや非日常的な「外国料理」というカテゴリーを越えた、いわゆる「町中華」と呼ばれる日常料理と化して久しい。ではインドはどうだろう？　実はインドでも同様に、中華料理は数ある外食産業コンテンツの中で最もありふれた料理ジャンルの一つとなっているのだ。

少し規模の大きなレストランに行ってメニューを開くと、「ムグライ」、「ベジ」、「ローティー」などといった項目の中に「チャイニーズ」と書かれた項目が必ず出てくる。そこに羅列してあるのが、現代インドにおいて「中華」と認識されている代表的な料理群である。よく見ると、そこには同じ中華料理でも日本のそれとはかなり異なるものが並んでいるのに気づく。これこそインドで食べられている中華、つまり「インド中華」なのである。

そのインド中華の代表的なものに「チキン・マンチュリアン」という料理がある。日本では耳なじみが薄い料理だが、インド人がイメージする中華料理の筆頭といっていい。まず、この料理の来歴からみていきたい。

英領時代の首都が置かれたコルカタ（旧カルカッタ）には、富やチャンスを求めて内外から多くの人たちが集まった。そこには世界に名だたる華僑＝中国系移民も含まれていた。

当初こそ農園や港湾で肉体労働をしていた彼らは、やがてコルカタ市内に進出し小さな店を借りて商売をはじめるようになる。ビューティー・パーラーと呼ばれる女性向けの美容室や靴屋、皮製品屋といった商売がそれで、インドで唯一中華街の現存するコルカタでは、今もそれらの古い店舗が点在する。もちろん飲食業に進出する華僑も多かった。その中で「チキン・マンチュリアン生みの親」といわれるのが、一九五〇年にコルカタの中華系移民三世として生まれたネルソン・ワンである。

幼くして父親を亡くしたワンは、早くから料理人だった養父の元で働いたのち、一九七四年

屋台で売られるチキン・マンチュリアン

に二七ルピーだけポケットにしのばせてムンバイ（旧ボンベイ）に出る。やがてクリケット・クラブのキャンティーンに職を得たワンは、クラブのメンバーから「何か変わったものを」とリクエストされる。そこで鶏にパコーラーのように衣をつけて揚げ、コーンスターチの餡をかけて出したところ好評を博す。この創作料理にワンは「チキン・マンチュリアン」という名前をつけ、数年後、ムンバイ市内一等地のケンプス・コーナーに自らの店チャイナ・ガーデンを構えるや、店の主力メニューとして売り出した。

ちなみに、名前の元となったマンチュリアンとはいわゆる地名としての「満州」のことだが、この料理を創作したワンはそれまで中国に行ったことがなく、いわゆる満州料理とは無関係。日本にもナポリタンや天津飯、菓子のシベリアなどといった料理名があるのと同様、「外国の地名をつけることで得られるそれらしい雰囲気」の獲得を目的としたものにほかならない。こうした料理の名付け方は世界共通で見られるもので、外国の地名が謎めいて感じられた、情報量の少ない牧歌的な時代ならではの産物といえる。

ワンがマンチュリアンを創作したのと同時期の一九七〇年代、同じムンバイのタージマハルホテル内に中華レストラン、ゴールデン・ドラゴンがオープン。本場中国・四川省出身のシェフがインド人客向けにスパイシーな中華料理の提供をはじめた。ここで出された料理にもまた「シェズワン（四川）・チキン」というそれらしい名がつけられた。ここを発祥として、今もインド各地には「シェズワン〇〇」という料理名が多く見られる。

もちろんワンたちの登場以前から、コルカタを中心に中華料理を食べさせる店は数多く存在していたが（現存最古の中華料理店Eau Chew Restaurantの創業は一九二二年）、インド随一の商都ムンバイで、とりわけ富裕層の脚光を浴びることで、

上／さまざまな中華料理がインドにはある
下／現存するインド最古の中華料理店、Eau Chew Restaurant

以降中華料理は全インド的に拡がっていった。さらに「中華料理が出来ること」が調理技能者としてのコックの腕の目安にもなった。それまでの「タンドール調理が出来る」「ナーンが焼ける」「ルマーリー・ローティーがクルクル回せる」といったプロ調理人としての技能要件に中華料理が新たにつけ加わったのである。北インド・南インドの出身を問わず「レパートリーとしての中華料理が出来る」ことがコックとして誇示すべき技量となった。それは同時に大型レストランでの勤務実績も意味していた。

インド人コックの作る「インド中華」はインド人客の口にあわせた、いわゆる日本人コックが日本人客の口にあわせて作る「町中華」的な料理である。ただ、昨今ではインドも日本と同様に、本格的な中華、いわゆる「ガチ中華」的な料理店が都市部を中心に増えつつある。とはいえ、まだ日本ほど中国系移民の姿が目立たないインドでは、今のところ「町中華」的なインド中華の方が幅を利かせている。

インド中華のルーツ探し

一口にインド中華といっても実にさまざまな料理が存在する。そしてその出どころを探っていくと、主に二つのパターンがあることが見えてくる。

まず一つ目は、「チキン・マンチュリアン」に代表される、在インド華僑の手によって創作された中華料理、つまりインド発祥の中華料理である。チキン・マンチュリアンのほかに「ゴビ・マンチュリアン（カリフラワーのマンチュリアン）」といったベジ・バージョンのほか、「シェズワン・チキン」、「マンチョウ・スープ」などが挙げられる。ちなみにマンチョウ・スープとは後述のチョプスィーで用いられる揚げ麺をスープに浸したもので、コルカタを中心に広く食べられているインド中華料理である。そしてこ

インド中華を代表する料理「チキン・マンチュリアン」

のマンチョウもマンチュリアン同様「満州」を意味する。戦前の満州国と利害関係のある日本でならまだわかるが、なぜ満州とは縁もゆかりもないインドの華僑が料理名としてその地名を多用するのかはわからない。果たして地名の持つ謎めいた響きにインスパイアされただけなのだろうか……。

もう一方は、外部から持ち込まれてインド化した中華料理である。インド中華と称される料理としては、数の上ではこちらの方が多い。「チャウミン」、「フライドライス」、「スイート&サワー・ベジタブル」、「チキン・クリアー・スープ」といった、インドのどの地方の都市でもメニュー上に見かけるおなじみの料理群であ

コルカタにある中華街

る。これらは主に中国南部出身の華僑によって持ち込まれ、インド人の舌に合わせて調整・改良された。日本のように漢字を使わないインドでは、中国語の料理名は意味に沿って英訳されたものか、中国発音を単にアルファベットで表記されたものかの二通りの「翻訳」があるわけだが、このうち「エッグ・フーヤン（中華風のオムレツ）」など双方の翻訳が混在するものもあり、また調理法の異なる複数の麺料理は「ハッカ・ヌードル」、「シンガポール・ヌードル」、「カントニーズ・ヌードル」などのイメージ先行で名付けられたものも少なくなく、分類するのが難しい。

外部から入ってインド化した中華料理のうち興味深いのは、中華だからといって必ずしもすべてが華僑経由ではない点である。例えば「アメリカン・チョプスィー」という料理がある。麺を油で揚げ、ケチャップで赤く色

インドの老舗高級中華店で給仕されるアメリカン・チョプスィー

づけ・味付けした餡をドロッとかけ、上に目玉焼きをのせた料理で、パリパリした麺と甘辛く酸っぱい餡とが絡みあって、たまに食べると美味い。とりわけてっぺんに載った目玉焼きの半熟の黄身がとろりと赤い餡に混ざり合うと、全体的にまろやかになり、何ともいえないリッチな気持ちで満たされる。

このアメリカン・チョプスィーは華僑ではなく、文字通りアメリカ人によってインドにもたらされた。一九世紀にアメリカへ移住した華僑は当初、小資本ではじめられる飲食店を経営することが多かった。その過程でアメリカ人の嗜好にあわせた中華風料理が生み出されていったが、チョプスィー（チャプスィ）はその一つだったという。やがて一九〇〇年代はじめから半ばにかけて代表的な「アメリカ中華料理」として全米で人気を博していく。その後第二次世界大戦がはじまり、日米開戦の端緒が聞かれると、ビルマ戦線を南進する日本軍を迎撃すべく同盟国のイギリス領下カルカッタに米軍が駐屯。その際、米兵によってインドに持ち込まれたのが、このチョプスィーだったという。

ちなみに同様の例は日本やフィリピンなど米軍が駐屯している他国でもみられ、例えば沖縄にある米軍基地周辺にある大衆食堂では沖縄料理のチャンプルーやポーク卵定食などに混じって「チャプスィ」がメニューに載っていたりする。ただしインドのそれが揚げ麺に餡をかける料理なのに対し、沖縄のそれは八宝菜のようにライスと共に提供される料理であり、ルーツを同じくしていても全く異なる現地化の仕方をしていたのが興味深かった。

なお、インドのアメリカン・チョプスィーはケチャップで赤く色づけ・味付けがほどこされているが、沖縄で出されたチャプスィにはケチャップは入ってなく、全体的に白っぽい色味をしていた。実はインドにもケチャップ不使用の白っぽい色味のチョプスィーはあり、それは「チャイニーズ・チョプスィー」と呼ばれている。具体的な違いはケチャップの有無のみである。ケチャップはアメリカ食文化の象徴なのだ。

沖縄の米軍基地近くの食堂で食べたチャプスィ

一説によると、ケチャップの原型となったものは、もともと中国南部に古くからあった「ケ・ツィアプ」という魚醤らしい。その点からすると、中華料理にケチャップを使うのは整合性があるのかもしれないが、いわゆる現在流通しているボトル詰めの「トマト・ケチャップ」を初めて製造したのはアメリカであり、ケチャップの持つアメリカンなイメージとも相まってつけられた料理名であるのは間違いない。ちなみにケチャップはネスレ社など外資の参入により「トマト・ソース」の名でインド中に拡がり、サモサやパコーラー、アールー・ボンダなど現代インドの軽食文化に必要不可欠な調味料として深く浸透している。

華僑や米兵といったさまざまな流入経路を経て、同じ店のメニューの「チャイニーズ」欄にたどり着いた料理の数々。インド料理がそうであるように、その一品一品をさかのぼっていくとインド中華もまた、出所や出自がそれぞれバラバラであることがわかる。しかしそれらが等しくメニュー・ブック内のチャイニーズ・カテゴリーの中にくくられている様にこそ、きわめてインド的な食のリアリズムが垣間見えるといえよう。

インド中華を食べる理由

先日、都内のとある場所で駐日ネパール大使館主催による「憲法発布記念日（National Day）」を祝賀するレセプションに参加する機会があった。日ネ友好議連会長を務める自民党系の大物代議士を主賓に迎えたフォーマルな式典で、内外の政治家や官僚、ネパール関連の有識者やビジネスマンといった人たちが多く招かれていた。たまたまなぜか場違いの私も紛れ込ませてもらう恩恵に浴したが、政治家や官僚らのあいさつが終わり、立食パーティーがはじまると、集まったビジネスマンらはおもむろに名刺を取り出し、熱心に交換をはじめた。それを尻目に、私が興味あったのはただ一点。「こうしたフォーマルな場では、どのような料理が出されるのだろうか？」である。

大きな会場では要人たちの挨拶が続く中、複数のネパール人スタッフが会場の後ろの方で料理の準備をはじめている。おおっ、ついにはじまったか。チラチラと確認しながら食事時間の開始を待つ。どうやらブッフェ形式らしい。やがて会場スタッフから参加者全員にワイングラスに入ったドリンクが配られ、その筋の重鎮らしき方による乾杯の発声と共に食事がスタート。こういう場でガッツいてはダメだと自らを制しつつ、それでも気がつくと平皿を手に列の先頭集団にいる自分がいた。ブッフェは二段階に分かれているらしく、まずは前菜的なものが複数用意され、一通り行き渡ったのちにメイン料理が用意されていた。さて、気になるのはその内容である。

モモやチャウミンといった確かにネパールらしい料理もあるにはあったが、前菜類を含めて基本的に中華風の料理が多く、そこには私のようなインド・ネパール料理マニアが喜ぶ「ガチな」料理はなかった。デザートにはチョコレートフォンデュやケーキが配され、基本的にどんな来客の口にも合いそうな無難な料理が大半だった。そしてこの傾向は、一般的なインドの宴席・祝賀会においても基本的に同様なのである。

広大な面積と世界一の人口を有し、人種や宗教が複

祝賀レセプションの料理は中華風が多かった

雑に入り交じるインドにとって、すべての地域を代表する「総合インド料理」などというものは存在しない。インドのあらゆる料理はすべからくどこかの地域、どこかの宗教に偏って成り立ったものとなる。しかしながら、さまざまな地域・宗教の人たちを招待するような宴席では、それが公的なものであればあるほど最大公約数的な料理が求められるという宿命を持つ。結局のところその解はインド国内には存在せず、好むと好まざるとにかかわらず外国の料理に求めざるを得ない。その筆頭が中華料理となるわけである。

それは例えば、インドが最大話者を誇るヒンディー語だけではなく英語も公用語としている理由とも重なる。もしヒンディー語だけが公用語になった場合、それを母語とする北インド人がさまざまな点で有利になり、そうでない南インド人らにとって不利になるからである。北インド人・南インド人双方にとってニュートラルな位置にある英語こそ公用語としてふさわしい。中華料理の扱いもそれに近いのではないだろうか。

それにしても食に保守的といわれるインド人の口に、これだけ中華料理が膾炙したのはなぜだろう。たんにニュートラルな料理というだけで、ここまでの拡がりをみせただろうか。とりわけ一九六二年に中印国境紛争が勃発して以降、政治的にはインドと中国はきわめて関係が悪くなっている。中国の料理とはインドにとっていわば敵国の料理なのである。その上で、中華料理がインドで影響力を持つ理由として考えられるのは、まず地理的な近さと中国文化の影響力の強さ。中国と隣接する国々で大なり小なりその影響を受けていない国はない。インドと中国も、三蔵法師の昔から互いに影響を与えあっている。

それからインドの場合、もちろん味やバリエーションの豊富さということもあっただろうが、重要なのは食に制限の多いインド人の嗜好に合うようカスタマイズが可能である点。これは外国由来の料理がいかに「インド化」出来るかを考える上で重要なポイントとなる。

インド人の嗜好とは、油の多用とベジ対応可能かどうかという点につきる。いや、それは嗜好などというレベルの好き嫌いよりもっと度の強い、ヒンドゥー教的戒律に由来するもので、基本的にインド人はその要件を満たしてなければ食べられない（もしくは積極的に食べようとしない）。だからインド中に拡散した中華料理の作り手はこの法則にしたがい調理をしている。こうしてインド人の舌に合わせて改造と進化をくり返した結果、「インド中華」はいまや公式晩餐会や結婚式などの祝宴といった場に欠かせない地位を獲得したのである。

かくして中華料理店は現代のインドの外食産業中、最もバリエーションの広い客層をターゲットにする飲食業態になった。外国人旅行者を見ていても、貧乏旅行者御用達の屋台の激安中華から（それらに大量に振りかけられる「アジノモト」という言葉も今やインドではポピュラーなものとなっている）、ファイブスターホテル内にある富裕層旅行者向けのチャイニーズ・レストランに至るまで。インド人客を見ていても、年配のファミリー層が訪れる重厚な作りの老舗インド中華店から、ショッピングモールのフードコートで小さい子供連れの家族がカジュアルに食べるチェーン系中華のテナントに至るまで正に百花繚乱。これほどまでにインドで受け入れられている外国料理はほかにない。その受容の過程への仔細な分析は、日本を含む外国の外食産業がこれから巨大市場インドに参入する際の重要な手がかりをもたらすに違いない。

インド中華の店はどこに行ってもある

グラーブ・ジャームン

乳と糖の方程式

「世界一甘いスイーツ！」

そんな大げさなキャッチコピーを耳にしたことはないだろうか？

世界一がどのような基準で決まっているのか。質量あたりの糖度などといった科学的根拠に基づくものなのか、それとも単にイメージから導き出されたものなのかは定かではないが、いつしかそれが「グラーブ・ジャームンである」として紹介され、定着したように思える。

世界で一番甘いといわれるグラーブ・ジャームン

もちろん、それは日本のメディアやネットが求める分かりやすいキャッチコピーなのだろうが、確かに一口食べてみれば、その大げさな表現があながち間違いでもなさそうに感じられてくる。ドロドロのシロップに頭まで漬かったスポンジ状の団子は、ひと噛みしただけでとめどない甘味がドパドパと口中に広がるからだ。

ただインドにはグラーブ・ジャームンに負けず劣らず、腰が抜けるほど強烈に甘い菓子が全土で存在する。インドは世界有数の甘味大国なのである。そのインドの菓子は大まかに、「ミルク由来のものとそうでないもの」とに分類できる。今回はそのうちミルク由来の菓子について、その代表格であるグラーブ・ジャームンを例にとって見ていきたい。

グラーブ・ジャームンの原料となるのはコーヤーと呼ばれる乳脂肪分である。コーヤーは、ミルクを煮詰めて水分を飛ばし、乳脂肪だけを抽出したものである。北インドの旧市街などを歩くと、菓子屋の店頭で大きく平べったい鍋を出し、長い鉄のヘラでゆっくりとミルクを攪拌しながら弱火で煮詰めてコーヤー作りをしている職人の姿をよく見かける。

このコーヤーをピンポン玉大の団子状に丸める。つなぎとしてマイダー（精白小麦粉）を入れる場合もあるようだが、この段階では砂糖は入れない。その団子をギーでこんがりとバラ色になるまで揚げ（グラーブ・ジャームンの「グラーブ」とはバラを意味する）、大量の砂糖を溶かしたシロップにしばらく漬ければ完成となる。スポンジ状の表面はシロップをよく吸い、噛むとドパっと内側からしみ出す。それこそがグラーブ・ジャームンの醍醐味ではあるのだが、しかしその制作工程からもわかる通り、漬かっているシロップにこそ砂糖がふんだんに使われているものの、本体は乳脂肪の団子を揚げただけ。確かにカロリーこそ相当なものだろうが、作り方をみていくと「世界一甘い」という表現がややオーバーな形容であることがわかってくる。

またよく知られるように、ヒンドゥー教ではミルクはその牛が崇拝の対象となっている。ミルクはその牛

製造中の街の菓子屋

の最大の恩恵とされる。ミルクは飲料としてだけでなく、ギー（精製バター）や菓子などさまざまな製品に加工され、日常生活だけでなく宗教儀礼においても重要な役割を果たしている。アールティーと呼ばれる、神像に灯明を捧げる儀礼の油はギーでなければならないし、シヴァ神の別の形態として崇拝されるリンガ像には、シヴァ・ラットリ祭の夜、司祭によって頭頂部から大量のミルクがかけられる。また牛飼いのクリシュナの神話も広く知られていて、とにかくヒンドゥー教とミルクとは切っても切れない関係なのだ（ただし水牛は信仰の対象ではない）。

　ミルクは砂糖との相性がよく、欧米でも菓子の原料として多用されている。しかしヒンドゥ

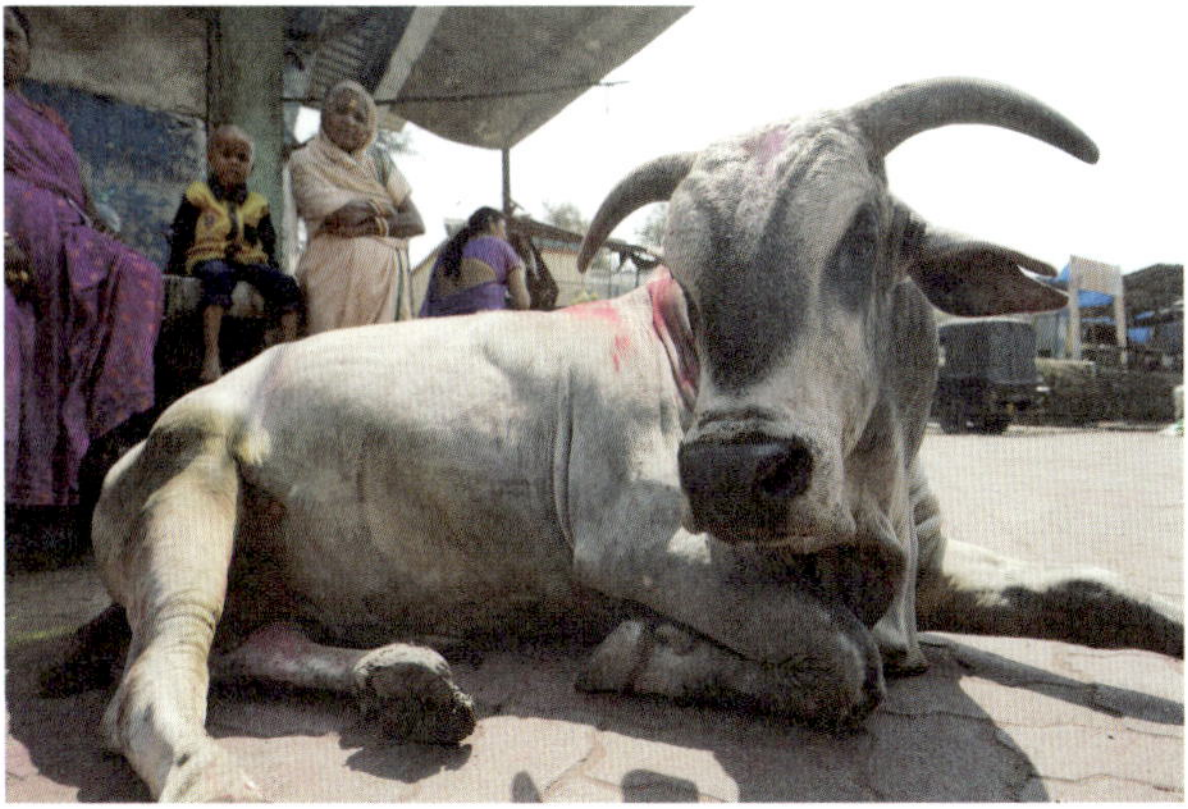

インドでは牛は身近な存在

ー教徒にとってミルクとは、単に食材として使いやすいといった次元を超えた、神からの恩恵（プラサード）でもある。ありがたさの度合いが違うのだ。だからミルク菓子を食べるのは、ヒンドゥー教徒にとって気軽な楽しみ以上の、特別な何かがあるといえるのである。

続いて菓子のもう一つの原料である砂糖について。諸説あるが、サトウキビの樹液を精製して砂糖（含蜜糖）を作ったのは紀元前のインドが世界最古だといわれる。グル（英語でジャグリーと呼ぶ）と総称される、サトウキビのほかにパルミラヤシやナツメヤシなどの椰子の樹液を精製し、凝固させた伝統的な固形物は現在もインド亜大陸で菓子や料理全般に広く使われている。ミルクからマッカン（発酵バター）を作り、さらに精製してギーを作るように、インドは太古から食材の精製技術に長けていたようで、それを学びに古代中国など周辺国から使者が派遣されていたことが記録に残っている。

一方、今でもインドでは白砂糖をチーニーと呼ぶ。チーニーとは「中国」を意味する言葉だが、他方で白砂糖のこともまたチーニーと呼ぶのである。そもそもグルの製造技術はインドが発祥だが、中国ではそれをさらに発展させて白砂糖を精製した。時代が下り、イギリス統治時代のカルカッタに渡ってきた初期の華僑の一人、ヤン・アチョウが同地に製糖工場を建て、販売を開始したことでカルカッタをはじめとするインド全土で白砂糖が広まった。インド人はこの白砂糖を、元来のグルと区分けする意味で「中国人の砂糖」、つまりチーニーと呼んだ。ベンガルでチーニーを使った白い菓子が発展し、一般の料理にも使われるようになったのはこうした歴史的・地理的要因が関係しているのかもしれない。ちなみに、ヤン・アチョウの墓碑はコルカタ南部に現存し、その周囲一帯は彼の名にちなんでアチプル（「アチョウの町」の意味）と名付けられている。

チーニーはある程度の規模の製糖設備がなければ作ることが難しい。一方、グルはきわめて原始的な工程で現在でも作られている。そしてそんな原始的な糖分であるグルは、今も街のいたるところで販売されている。成分的にもミネラルやビタミンが含有され、単に白砂糖を摂取するより身体に優しいと考えられていて、南インドの

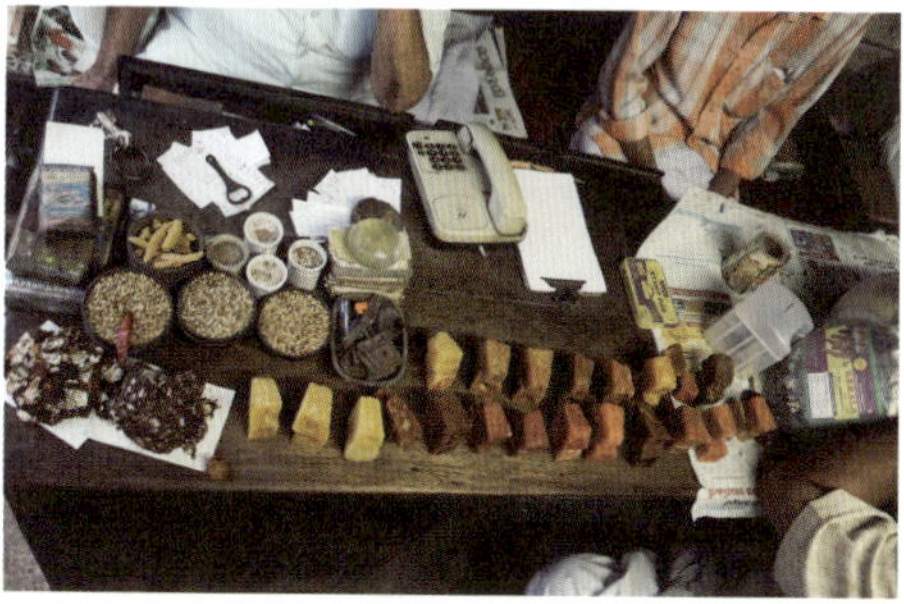

卸問屋に並ぶ、さまざまな素材のグル

ミールスやグジャラートのターリーには、甘味としてグルのかけらがつくこともある。

グラーブ・ジャームンに話を戻すと、ミルクから水分を飛ばして抽出した、いかにもヒンドゥー教徒ごのみのコーヤーの揚げ団子を、中国由来のチーニーを溶かしたシロップにつけこんで作るこの菓子は、ある種ハイブリッドだといえなくもない（ちなみにこのシロップのことをヒンディー語で「チャーシュニー」と呼ぶが、語源はペルシア語である）。このように、グルを生んだインドは、他方でさまざまな外来の甘味文化の影響も受けているのだ。

原料となる二つの乳脂肪

インドの菓子はその成分から、「ミルク由来」と「非ミルク由来」とに大別できる。つまりそれだけミルク菓子が多いのだ。その主成分となる乳脂肪も、製法によってさらに二つに大別できる。それが「コーヤー」と「チェナー（地域によってはチャナ、サナなど）」である。コーヤーから作る菓子には前述のグラーブ・ジャームンが代表的だが、それ以外にも個性豊かな菓子がある。少し例を挙げてみよう。

「ガージャル・カ・ハルワー」は仕上げの段階でコーヤーが投入される。インド北西部の街パンジャーブの冬は意外なほど寒い。そんなに寒風にさらされた街なかで、温かそうな湯気を立てる菓子屋の店頭に置かれたガージャル・カ・ハルワーほど蠱惑的なものはない。温かな一口を、スライスされたゆで卵と共に口に含めば、全身くまなく多幸感に包まれる。「バルフィー」とはペルシア語で「氷」を意味するバルフに由来する菓子。その名の通り、表面に氷の結晶のようにヴァルク（銀箔。正確にはチャーンドニー・ケ・ヴァルク）が貼られ、きれいなひし形にカットされた姿はミターイー・ワーラー（菓子屋）のショーケースの中でも燦然と輝く存在となっている。ただ語源がペルシア語だからといってペルシア（イラン）

パキスタンの菓子屋の店頭
ガージャル・カ・ハルワーの上をスライスされたゆで卵が覆っている

に同名の菓子があるわけではない。このように、本国ペルシアには存在しないのに、ペルシア語でつけられた料理名がインドには無数にある。だから思わずそれらがペルシア発祥だと誤解してしまいそうになる。ちなみにバルフィーは特に原材料をコーヤーに限定した菓子ではなく、カシューナッツやベスン粉（乾燥チャナー豆の粉末）など複数の素材のものが存在する。

インドでは菓子でも料理でもゴージャス感を演出する時はしばしば銀箔を使うが、日本のように金箔を料理に用いることはほとんどない。だからといって日常的に好む貴金属は圧倒的に銀ではなく金である。このインド人の金と銀への見方・感覚も気になるところである。

「ペラー」は単に加糖したコーヤーを小さく丸めただけのきわめて原初的な菓子。質素な厨房設備で作られる、この何のひねりもない単純な菓子が現代でも広くインド人に愛され

銀箔を貼った菓子が多い

続けているところに、ヒンドゥー教徒的聖牛信仰の強さが垣間見える。とりわけ「牛飼いのクリシュナ神」信仰の発祥の地ヴリンダーヴァンや隣接する街マトゥーラーで作られる「マトゥラー・ペラー」は有名である。

コーヤーではない、もう一つの乳脂肪であるチェナーから作られる菓子は、ベンガル、オディシャ（オリッサ）などの東インドを中心として消費されている。チェナーは、ミルクにレモン汁や酢などの酸を加えることで乳脂肪分を凝固させ抽出させて作る。これはインド料理でもなじみの深いパニールの製法と同じである。パニールの語源はペルシアで、諸説あるがムガル時代に西方ペルシアからインドのパンジャーブ地方へと伝わったとされる。一方、東インドのチェナーはパニールとほぼ同時期に、当時この地方へと侵攻してきたポルトガルによって伝わったものだという。

ペラーを売る北インドの小さな菓子屋

さて、ここで一つの疑問が生じる。古代より聖牛信仰が盛んで、コーヤーやマッカン、ギーといったさまざまな加工品が作られている乳製品の扱いに長けたインドで、なぜパニールだけがムガル時代という、長いインド史からするとごく最近とすらいえる時代に「輸入」されたのか。マッカン、ギーなどに比べてパニールはさほど難解な工程があるわけではない。むしろ容易ですらある。

理由の一つと考えられるのは、やはりインドの聖牛信仰に関連したもの。パニールは生乳に酸を投入して乳脂肪と水分に「分離（カーディング）」させ、そのうち乳脂肪のみを取り出したものだ。しかしミルクという「聖なる牛からの恩恵物」を人為的に化学分解してしまうのは罰当たりな行為だとヒンドゥー教徒たちは捉えた。だからカーディングの技術そのものは古代サンスクリット文献に登場するにもかかわらず、その後のヒンドゥー社会には定着しなかった。やがて西方からイスラーム文化が流入し、聖牛信仰とは無縁のイスラーム教徒が増えるにしたがってようやくパンジャーブ人の間で浸透。さらに第二次大戦後の独立期、多くのパンジャーブ難民がデリーへと流入。その時パンジャーブ人たちがデリーにパニールを伝え、以降北インド全域のヒンドゥー教徒の間へと広まっていったという。

一方の東インド。インド人の中でも最も進歩的かつ合理的なマインドを持つベンガル人は、多くの北インドのヒンドゥー教徒が固執しがちな保守的な価値観から比較的自由だった。実際私の周りにも、若いころ好奇心でムスリム食堂に行き、こっそり牛肉料理を食べたと自慢するベンガル人ブラーフミン（本来なら厳格な菜食戒律を守るべきヒンドゥー教僧侶階級の人たち）が数人いる。こうした進歩的な人たちによって「罰当たりな」乳脂肪であったはずのチェナーは、中国人が持ち込んだチーニー（白砂糖）と共に「チョムチョム」、「ションデーシ」、「カロ・ジャムン」、「ラージボーグ」といった固有のベンガル菓子として発展していくのである。

ベンガル、とりわけ中心都市コルカタは英領時代の首都でもあり、多くの人々が集まり新しい文化が華開いた。当時は最先端だった、現在では創業百年超えの

オールドデリーのパニールの屋台

老舗菓子屋がいまもコルカタ市内にはゴロゴロある。それぞれの店のガラスケースには白い色を基調とした甘味がぎっしりとひしめき合っていて、一個単位で購入が出来る。中でも食べておくべき筆頭は「ロシュ・ゴッラ（ラス・グッラー）」だろう。

ロシュ・ゴッラは文字通り団子（ゴッラ）状にしたチェナーを、熱した砂糖シロップに漬け込んだベンガル銘菓。スポンジ状になったチェナーはよろめくほど甘いシロップをたっぷり吸いこんでいて、手食しようと指でつまみ上げようものなら、せっかくのシロップがポタポタと落ちてしまう。だから素早く口に放り込まなければならない。と同時に、受け皿に残ったシロップも音を立てて吸う。これが正しいロシュ・ゴッラの食べ方かどうかは知らないが、周りのベンガル人たちもたいていそんなふうに食べている。

街角の菓子屋でロシュ・ゴッラを買う

「ロシュ・ゴッラを食べる時は大口を開けてなるべく一口で食べなきゃさ。ロシュ（シロップ）とゴッラは一緒に口に含むのがベストマッチだからな」

相席になった初対面のおじさんから、聞いてもない食べ方指南をされるのも、インド食べ歩き旅ならではの楽しさだ。

インド各地の菓子

もちろん乳脂肪以外の素材を使った菓子もまたインド全土には存在する。

まず「ジャレビー」。水で練って寝かせたマイダー（精白した小麦粉）を小さな穴の開いた布に入れ、油の中に細く絞り出すように揚げていく。ト音記号のような形状に揚がったら、どっぷりとシロップに漬け込んで完成。露店でよく見かけるポピュラーな菓子である。一見いかにもインド固有の菓子のように思えるが、あにはからんや語源はペルシア語の「ズールビア」で、インド化してジャレビーとなった外来の菓子である。ちなみにナーンやモモ、後述のハルワーなど、基本的にインドで見かけるマイダーを使った料理や菓子は外来のものが多い。

私のデリーの常宿のすぐ脇に、行きつけのジャレビー屋がある。朝八時半ぐらいになると店主がちょうど揚げたてのジャレビーをシロップにつけ込んでいる。揚げ物は揚げたてに限る。その時間帯を見計らって買いに行くと、手で持てないほど熱々のジャレビーが食べられる。ちなみに同店のジャレビーは中年男性の中指ほどの太さがある。店によってジャレビーの太さはまちまちだが、ある程度の太さがなければジャレビーがシロップを十分に吸わない、というのが私の持論で、カリッとした表面と中からドパッとしみ出るシロップのコンビネーションこそジャレビーの醍醐味だと思っている。このジャレビーを単体ではなく、揚げパンであるプーリーと合わせる食べ方が北インドやネパールで存在するが、摂取カロリーでいえば「甘さ世界一」と喧伝されるグラーブ・ジャームンをはるかに凌駕する。

毎朝のジャレビー

小麦粉を原料とする菓子にはほかに「ハルワー」がある。ただしこのハルワー、地域によって著しく形状・材料が異なる。そもそもハルワーもまたペルシア発祥で、さまざまな経路でインドに伝わるうちに、どう見ても同じ菓子とは思えないものを幅広く包括する呼び名となった。

そのうち、今も北インド全域で広く食べられているのがスージー（セモリナ粉）を主原料にしたハルワーである。かなり古くから存在していた菓子だという記録があることから、もともと別の名称の菓子だったものが、ハルワーが伝わったことによって名称だけ「ハルワー化」したのかもしれない。そういう意味ではビリヤニときわめてよく似ている。なお、スィク教寺院で参詣後に配られる「カーラー・プラシャード」は同じ小麦粉でもスージーではなく、アーター（全粒粉）で作られるハルワーである。ハルワーはまた朝食としてプーリーと合わせることも多

スィク教寺院で配られるカーラー・プラシャード

く、「プーリー・ハルワー」でワンワードになっている。

マイダーを使って作るハルワーも、味や製法は同じなのに食べられている地域によって「ボンベイ・ハルワー」、「カラーチー（カラチ）ハルワー」、「ケーララ・ハルワー」などさまざまな呼称がある。食感は名古屋名物ういろうを彷彿とさせる、甘くてネチっこいテクスチャー。ところどころ入っているナッツやドライフルーツがアクセントになる。基本的にグラムいくらで量り売りされていて、ケーララでは店頭に数キロ単位で山盛りにされている。唾液の分泌が抑えられない光景だ。ちなみにタミル・ナードゥ州タンジャウールには、このハルワーにミクスチャー（塩スナック菓子）を振りかけて食べる習慣がある。ハルワーの強烈な甘さが塩スナックでよりブーストされる、甘いものを知り抜いた人たちの食べ方だ。

タンジャウールのハルワーはミクスチャーと共に

「マイソール・パク」は南インドを代表する銘菓である。ベスン粉をベースにした、サクサクとした食感が持ち味。投入するギーの量でノーマルタイプと、よりオイリーさを増した「ギー・マイソール・パク」とがある。使用している食材はベスン粉と砂糖、ギーというたった三種。このきわめて単純な素材から、ここまでなめらかな食感とエレガントな後味を与えられることに驚く一品。大量のギーが含まれているのに不思議としつこさがなく、パクパク食べられる。ちなみに多くのインド菓子と異なり、マイソール・パクは発祥の店が同定されている。その名の通りマイソール（現マイスール）で独立前から続く由緒正しい老舗店グル・スイートマートがその店で、現在三代目店主が日々忙しく店頭に立っている。

グル・スイートマートの中の三代目店主

インドの団子と称するにふさわしい「ラッドゥー」もまたハルワーのように、素材や製法により複数の種類を持つ菓子。ただしこちらはインド発祥である。「ブーンディー・ラッドゥー（ベスン粉の揚げ玉を丸めた団子）」「ベスン・ラッドゥー（ベスン粉の生地を丸めた団子）」「ココナッツ・ラッドゥー」などが有名で、積み上げるときれいな山状となって供物としてのビジュアルに優れているからか、ヒンドゥー神格との関係性が深い。ガネーシャ神が好む話はよく知られているが、ほかにもクリシュナ神も好むとされ、生誕祭（ジャンマー・アシュタミー）には山積みのラッドゥーが献上される。またベンガルでは、サンクランティの日（冬至）にゴマをまぶした「テ

ラッドゥーが並んだ菓子屋の店頭

イール・ラッドゥー」を食べるならわしがある。

ベンガルの甘味で忘れられないのがミシュティ・ドイである。ドイとはヨーグルトのことで、甘味の中に感じる程よい酸味は、甘味一辺倒のほかのベンガル菓子に比べ程よいアクセントになる。とりわけ素焼きの器の中で熟成された、グルを多用して甘味付けした老舗店のミシュティ・ドイは数日間、余韻を楽しめるほど。赤味（キャラメル色）を帯びるまでミルクを加熱して作るミシュティ・ドイはラール・ドイ（「赤いヨーグルト」の意味）とも呼ばれ、西ベンガル州ナヴァドゥヴィーパが発祥とされる。ラール・ドイだけを求めて、コルカタからナヴァドゥヴィーパまで鉄道で約二時間揺られてみるのも悪くない。

バングラデシュの菓子屋で売られていたミシュティ・ドイ

東インド／スワディン・バーラト・ヒンドゥー・ホテル

インド近代史上最大のエポックは、1947年のイギリスからの独立だろう。有名なマハトマ・ガンディーをはじめ、多くの独立の志士が大英帝国と闘った。彼らは「フリーダム・ファイター」と呼ばれ、ポスターや銅像となって今でも広く民衆から尊敬されている。

こうしたフリーダム・ファイターの中で、最も過激かつ大胆に行動したのがカルカッタ（現コルカタ）出身のスバース・チャンドラ・ボースだった。フリーダム・ファイターの闘い方にも濃淡があり、ガンディーら非暴力主義に基づく主流派に対し、それを手ぬるいとしたボースらは「敵の敵は友」のスローガンのもと、日本やヒトラー率いるナチス・ドイツとの連携や共闘を模索した。実際、第二次大戦中の日本軍と軍事行動を共にしている。

その在りし日のボースが通ったという大衆食堂がコルカタに現存する。それがスワディン・バーラト・ヒンドゥー・ホテルである。初代オーナーのモンゴビンド・ポンダは、ボースら独立の志士のために、イギリス当局の眼をかいくぐった極秘会合の場として店を提供したほか、当局の手入れが入った場合の秘密の逃げ道まで作って彼らを支援した。また会合を嗅ぎつけた当局が立ち入ろうとするのを、身体を張って阻止したという逸話もある。

店名となっている「ヒンドゥー・ホテル」という呼称は、かつてインドではヒンドゥー教徒とイスラム教徒でそれぞれ別々の食堂に行っていた頃の名残りである。例えば、かつて鉄道駅の水売りも、ヒンドゥー教徒用とイスラム教徒用とに分かれていた。ヒンドゥー教徒はヒンドゥー教徒の売る水を、イスラム教徒はイスラム教徒が売る水を飲んでいたのである。そんな時代もあったのだ。

　そんな逸話や伝説に包まれたスワディン・バーラト・ヒンドゥー・ホテル。渋い内装に加え、素焼きの水カップにバナナの葉という、これまた伝統的な什器類で料理が出される。ベンガルらしく魚介料理のメニューが豊富なのでいつも迷うが、間違いないのはチングリ・マライー（エビのココナッツクリーム煮）だろう。これがベンガル米に実によく合う。さらにもう一品、ベグン・バジャも加えたい。肉厚にカットしたナスを多めの油で炒め焼きにしたシンプルな料理なのだが、まるでステーキ肉かそれ以上にパワフルにコメをすすめさせる。

　食事が済んでふと「このテーブルでボースも食事をしたのかもしれないな」などと店内を見回すと、いつもの満腹感が違った趣に感じられてくるから不思議なものだ。料理マニアだけでなく、インド歴史マニアにも訪れてもらいたい名店である。

マクドウエル

インド産の洋酒

「……×■※÷○……」

「えっ？」

「……●÷■※※○……」

「何？　何と言ったんですか？」

「……××÷※÷○●……」

「……あ～、ぜんぜん聞こえん。

もう出ましょう！」

たまたま旅先のデリーで偶然日程がカブった知人と「じゃあ、飲

薄暗くBGMがうるさいインドのバー

みにでも」となり、とあるバーの門をくぐってテーブルにつき、とりあえずビールで乾杯。互いのインド旅情報などじっくり交換しようとしたその矢先。往年のボリウッド・ソングが薄暗い店内に耳をつんざく大音量で鳴り響く。まるで音がデカければデカいほど上質なサルビスだとでも思いこんでいるかのようだ。

音の暴力から逃れるようにして店を出たわれわれは、最寄りのワインショップ（インドでは酒屋のことをワインショップ、またはビヤル（＝ビール）・ショップと呼ぶ）で一本の洋酒を購入。同時に酒屋前で量り売りしているナムキーン（塩菓子）屋台から複数の乾きモノを新聞紙に包んでもらってホテルの狭い自室へ持ち込んだ。そうしてようやく安心して、会話を楽しむことが出来たのである。

足元にゴキブリが這っていても気づかない薄暗さと大音量のBGM。インド国内のさまざまな場所で飲み歩いたが、一般庶民が行くようなバーと称される店はたいていそんな構造だ。店内を薄暗くするのは雰囲気作りというよりは、ほかの客からこちらの顔を見えなくするためだといわれる。イスラム教徒は言わずもがな、ヒンドゥー教徒であっても飲酒が不道徳的な慣習だと認識されているインドでは、家族、とりわけ自分の父母の面前で飲酒することは大きなタブーである。父親が成長した息子とウイスキーを酌み交わす、などといった日本では心温まる光景などインドではあり得ない。人々は家族から見えないところで隠れるようにして酒を飲む。となると外で飲むしかないのだが、万が一隣のテーブルで父親が飲んでいないとも限らない。だからせめてものカモフラージュとして、飲み屋(バー)の照明は可能な限り暗くすべし、というわけなのだ。

そうしたバーの席上で最もよく飲まれるもの、あるいはそこを退散したわれわれが酒屋で求めるものがインド産ウイスキー、つまりインド洋酒である。酒税法上の分類で、IMFL(Indian Made Foreign Liquor)と呼ばれるたぐいのインド洋酒が、個人的な経験上、最も広く飲まれているインドの酒であるかのように思える。もちろんインドにはIMIL(Indian-made Indian liquor)、あるいはヒンディー語で「デーシー・ダール(国のサケ)」と呼ばれる地酒に近い、よりローカルで小規模生産された蒸留酒の方が税法上価格も安く、統計上もインド洋酒より多く飲まれてはいるようだ。ただそうしたビニール袋入りだったり、何かの空き瓶に詰めたような怪しげな酒にはどんな怪しげな成分がはいっているか分からない。当のインド人自身ですら「あれは避けたほうがいい」というシロモノだ。
では、比較的「マトモ」といわれている方のインド洋酒にはどのような種類があるのだろう。とりわけ最もインドで多く消費されているのがウイスキーだが、以下にご紹介するのは、私の個人的なウイスキー経験に基づくものなので偏りがある点はご容赦いただきたい。

まず何はなくとも「マクドウエル」。インド洋酒の中でのシェアは断トツのナンバルワンだ。個人的にも最もなじみ深い酒である。人口大国のインドは世界最大のウイスキー消費国でもある。つまりインドの中でのシェア一位ということは、世界で最も製造本数の多いウイスキーの銘柄ということになるのだ。このマクドウエル・ウイスキーは

インドの酒屋は鉄格子がついているところが多い

輸入会社を通じて日本国内でも広く販売されているので、気になる方は是非近くのインド料理店に行って飲まれることをオススメする。インドの薄暗いバーの味はかくやと思わせる、ちょっと安っぽいが、だからこそ王道のインド洋酒の味がするはずだ。

「バッグパイパー」はかつて人気俳優シャー・ルク・カーンがテレビCMしていたことでも有名（二〇〇〇年代以降、政府により酒類のメディア広告が規制され、現在では見ることは出来ない。日本のタバコのCMと同様である）。だからといって価格は高くはなく、むしろ安いイメージの酒だった。

RC（アールシー）の愛称で親しまれる「ロイヤル・チャレンジ」もどちらかといえば安い部類に入る。飲み過ぎて悪酔いして以降、あまり飲む機会がなくなっている。

「8PM」はそれら安い酒に比べて飲み口の爽やかさが特徴的。最初に飲んだ時は二日酔いしなくてビックリしたものである。

「シグネチャー」はそれらに比べればやや価格が高い。何せ基本的に箱入りである（一部の小瓶は除く）。リッチなテイストは悪酔いもせず、すっきりした後口で飲みやすく、インドに行くと現在も愛飲している銘柄の一つ。

ちなみに二〇一九年には、日本のサントリーがインド市場に参入している。街なかの酒屋の壁に「山崎」や「季」などと筆文字の書体が書かれた販促ポスターが貼ってあることがあり、日本人としてはつい気になってしまうが、他のインド洋酒に比べて高級価格帯。売れ行きはどうだろう。

さてここからは、あまり紹介されることのないインド人の酒の飲み方について。まずインド人（ヒンドゥー教徒）と共に酒を飲むと、一番初めに少量のウイスキーをキャップに注ぎ、それを机の上、または（床に座って飲む場合）床の上に垂らし、まじないのような何かを唱える。これはつまり自分たちが飲む前に神様に酒を捧げているわけだが、果たして彼らが信じる神々が、まるで日本神道の御神酒《おみき》のようにウイスキーを欲しがるのかと考えるとはなはだ疑問に感じずにはいられない（ただしヒンドゥー教の地方神の中には供物として酒を欲するものも存在する。神格にはウイスキーが捧げられ、プラサードとしての酒を神前で飲むのである）。

お通しはどこに行ってもローストしたパパド一枚ということが多い。ただしその常識が、タミルのバーに行くと覆される。なんと塩スナックから煮豆、果てはチャート・マサーラーが振りかけられたゆで卵まで七〜八種類の小皿が並べられるのだ。しかも食べてなくなるやすぐさま新しい小皿が補充される。お通しが食べ放題なのである。いくらドリンク代に含まれているとはいえ、なんとも気前の良いサービスだ。

　お通し以外のアテとしてポピュラーなのは、チャート・マサーラーを振りかけたピーナッツ、ケチャップとコショウをかけたフィンガル（フィンガー）・チップス、刻んだ紫玉ねぎ、トマト、青唐辛子がのったマサーラー・パパドなど。基本的にインド人は酒と共にガツガツものを食べるということをしない。酒は酔うため、食べものは腹を満たすためというふうに、

上／お通しに果物が出されることも
下／ウイスキーを好むインド人は多い

それぞれ別モノとして考えているようである。

ウイスキーは基本的に水で割るかソーダで割るかである。氷を入れる人も多少は見かけるが、基本的に冷たすぎるものは身体によくないという考えがインドでは昔から強く、たとえ酒であってもキンキンに冷えたものは好まれない。最近でこそ酒屋に行くと冷蔵庫から冷えたビールを買うことが出来るが、ひと昔前（二〇〇〇年代初頭）までは酷暑の時期でも常温のビールを手渡され、閉口することが多かった。

酒という、社会通念上あまりよろしくないものを飲む割に、いやだからこそなのか、細かい不文律には素直に従う人たちがインドには多いようだ。

椰子酒の世界

インドの蒸留酒は酒税法や製造設備の規模などによって、インド製洋酒（IMFL）とインド製インド酒（IMIL）に分類される。ただ（州によって）このどちらにも入らないのが、椰子の樹液を発酵させた手作り酒である。

こうした酒は、実はインド農村部の至るところで、非常に古い時代から現代に至るまで、幅広く作られ飲まれている。インド各地の手作り酒はそれぞれの地域でどのような名前が付けられ、どんな素材を用い、どんな場所でどんな人々によって飲まれているのか。それを探っていくと、飲酒に厳しいはずのインドにおける、もう一つの飲酒文化が見えてくる。

まずは中部インド、少数民族の宝庫・バスタル地方へわけ行ってみたい。チャッティースガル州、アーンドラ・プラデーシュ州、オディシャ州という三州が接合する密林の奥深く、下界の人々が容易に近寄れない立地だからこそ手つかずの先住民文化が色濃く残り、ヒンドゥー化する以前のインドの姿が見られることから「原インド」とも称される一帯。その中心地がバスタルだ。

このバスタル地方を特徴づけている先住民たちが、ことあるごとに酌み交わしているのが「マフアー」「セルフィー」と呼ばれる発酵酒。これらの発酵酒は通常、ハートと呼ばれる定期市の露店で、アルミ製の大甕に入れられて売られている。ハートは週に一度、場所を変えながら開催される物産市で、周囲の村やジャングルから収穫した獲物、畑で採れた野菜、自家製の漬け物や干し魚などと共にお手製の発酵酒も持ち込まれ、白日のもと堂々と売られている。前回紹介したような、隣席の男の顔すらわからない薄暗いバーで飲むのとは一八〇度異なる価値観だが、存外イスラム教やヒンドゥー教が入る前のインドにおける飲酒シーンとは、本来このようにおおらかなものだったのかもしれない。

ハートに集まった先住民たちは、自らも収穫物などを売り、その売上金を持って発酵酒の露店に集まっては三々五々酒を飲んでいく。驚くことに客の男女差はほとんどない。おばさんであっても誰はばかることなく太陽のもと堂々と飲んでいる。女性が公然と飲酒する姿など、都市部では決して見られない光景だ。酒は葉を編んで作ったコップに注がれ、もう片方の手には同じように葉にのせられた岩塩を持っている。岩塩をチビチビなめながらグイっと酒をあおる、

アルミの甕に入った発酵酒を売る女性たち

何とも粋な飲み方である。もちろん周囲には、岩塩だけでなくぶつ切りにして油と香辛料で炒めた骨つきの豚、揚げた淡水魚、山積みされたゆで卵などのおかず類を売る露店がたくさん出ていてアテに困ることはない。周囲の村々からやって来た、ゴンド族やマリア族、ドゥルヴァ族といった人たちに囲まれて、インド中部の青空のもと、じっくり飲む酒の味はまた格別である。

続いてケーララの「トディ」。トディ（Toddy）は英語名称で、地元ケーララでは「カッルー」と呼ばれる。主としてパルミラヤシから産するが、ココヤシ由来のものもある。トディはインド全土だけでなく、スリランカや東南アジア、アフリカなど椰子が育成する地域で世界的に作られている。中には発酵したトディを蒸留して、より度数を

トディ・ショップで先客のおじさんと世間話しつつ飲む

上げたものも存在するが、ケーララでは発酵酒が一般的である。

その製法はきわめて単純で、パルミラヤシの表皮にキズをつけ、縄でくくり付けた壺にひと晩樹液をためる。たまった糖分の多い樹液を放置しておくとそのまま発酵して酒になる。ただそれだけである。これをそのまま飲ませるのが州政府管轄のトディ・ショップだが、午前から昼すぎにかけてはまだ酒になりきってなく、夜になると発酵が過ぎて酸っぱくなっているので飲むタイミングが難しい。ベストなのは中途半端な午後の時間帯ということになろうか。この、ヒマ人しか都合のつかない時間帯を狙ってトディ・ショップを訪れてみると、やっぱり自分と同じようなヒマそうなおじさんが先客としてトディの入ったグラスをチビチビ飲っていたりする。おじさんのテーブルにはほかに、鶏や牛、豚肉のスパイス炒めなどがのっていて、つまりこれらをアテにトディは飲まれている。もちろんトディなしに、食事するためだけに入店しても全く問題はない。

このトディ、北インドでは「タリ」と呼ばれている。ビハール北部、ミティラー地方あたりに行くと、土壁にきれいな装飾画が描かれた家の前に、白濁した液体が入った数本のボトルが置かれて売られている。これが「タリ」である。ケーララのトディ・ショップのような看板があるわけではなく単なる民家である。その庭をみると切り傷だらけになったヤシの幹に、縄で土甕が結わえ付けられている。日々、こうして取れた樹液を自然発酵させ、ひと瓶三五ルピー（約七〇円）程度で売っているのだ。売り主のおばさんにお酌してもらいながらタリを傾けるゆったりとした時間は、北インド旅の中でもハイライトの一つとなるだろう。

こうしたインド全土で見られる椰子酒文化は、飲酒に厳しいタブー意識を持つインド社会でも、おおむね好意的な目で見られているように感じられる。それは酒へのタブーなどといった概念が発生するはるか昔から、同じ製法で作られ、連綿と飲み続けられているからだろう。

自宅前でタリを売るおばさん

バッティでロキシーを

飲酒とは無縁のパキスタンやバングラデシュはもちろん、消費者の数では世界有数の飲酒大国といえるインドであっても、今までご紹介した通り必ずしも酒飲みにとって理想的な飲酒環境であるとはいいがたい。街を歩けば確かに飲み屋も酒屋もある。だからといって、目を凝らさなければアルミ皿の輪切りのニンジンとゴキブリとが見分けがつかないほど暗い飲み屋で飲むか、酒屋は酒屋で買ったが最後、コソコソと人目に触れぬよう服の下にボトルを隠し持って宿まで持ち帰らなければならない。まるで非合法のブツでも買うようなうしろめたさだ。そこに行くとわれわれ酒飲みにとって天国なのがネパールである。

カトマンズの空港に降り立ち、市内に向かうタクシーの車内から、まず見えてくるのがビールの広告看板だ。ビールの看板など日本から来れば何の違和感もなくスルーだろうが、酒類広告に厳しい規制のかかるインドから入国すると実に頼もしく映る。

ネパール国内には二〇二四年現在、約三〇社の大小さまざまなビール醸造所が存在し、ライセンス生産の外資系ビールから小規模工場で作られる質の高いクラフトビールまで、多彩な銘柄が製造・販売されている。中でもデンマークのカールスバーグ社が一九八九年、ネパールの資本家ケタン氏と合弁で立ち上げたゴルカ・ブリュワリー社の生産する「ツボルグTuborg」が最も高いシェアを誇っていて、カトマンズを歩くとこのツボルグの緑色の瓶の広告看板がどこに行っても目に入る。飲み屋や酒屋はもちろん、雑貨屋や軽食店にまでかかげられているからどうしても飲みたくなってしまうのだ。看板の宣伝効果は凄い。ゴルカ醸造所はこのツボルグのほか、ライト層向けに「カールスバーグ」、また二〇〇六年にはその名も「ゴルカ・ビール」という国産ブランドを投入。それらはネパール国内市場の実に七〇%のシェアを占めている。

ネパールのビールの歴史はさほど古くない。国産ビールが初めて誕生したのが一九七一年。ネパール・ブリュワリー社によって製造された「スター・ビール」が最初である。それまでネパールで消費されていたのは、インドから

どこに行っても目に付くツボルグの看板

輸入されていた「ゴールデン・イーグル」という銘柄が主だった。やがて一九九一年にはフィリピンの「サンミゲル」、一九九八年にはインドの「キングフィッシャー」がそれぞれ合弁会社を設立し現地生産をスタート。一方、国産銘柄としては一九九九年創業のMt.エベレスト・ブリュワリー社が「エベレスト」（二〇〇三年）、一九九三年創業のサンゴールド・ブリュワリー社が「ネパールアイス」（二〇〇六年）を生産し市場に投入していく。国産第一号のスター・ビールを製造していたネパール・ブリュワリー社はその後ユナイテッド・ブリュワリー社へと社名変更し、現在は後継の「スター・ゴールド」を生産している。エベレストやネパールアイスといった銘柄は日本にも輸入され、インネパ店の定番の瓶ビールとしてなじみ深いものになっている。

このように、各社が熾烈な競争を展開するネパール

ネパールアイスの看板

のビール業界だが、その一方で、平均物価に比べて値段が高く、日常的に飲める人は限られているともいわれる。酒屋で買っても割高に感じられるが、綺麗なサリーに身を包んだウエイトレスがジョッキに注いでくれるような、「ドホリ・サージ」と呼ばれる民謡酒場などで飲むとさらに販売価格は上がり、ゴルカ・ビールが一本あたり五〇〇ルピーほど（約五八〇円）になる。とはいえ哀調を帯びた男女の掛け合い歌をバックに飲むビールは美味く、気がつくとつい二本三本と追加してしまうのは致し方ない。

ではビールなどという「ぜいたく品」を飲まない一般庶民はどこで何を飲んでいるのか。ネパール居酒屋を表す「バッティ」で蒸留酒「ロキシー」を飲んでいるのである。

バッティはカトマンズ市内のちょっとした裏通りを歩くとすぐに見つかるが、中でも比較的多いのがアサン・チョウク周辺である。経営者は主にネワール族で、旧市街の道の狭い界隈にかたまっている。基本的に看板はない。ではどうやってそこがバッティかどうかを見抜くのかというと、入口のカーテンの有無である。バッティには主に濃い緑色のカーテンがかかっている（別の色のこともある）。

ちらりとカーテンをめくって中を覗くと、小さなカウンターと数台のテーブル。カウンターの内側にはおじさんかおばさんがいて、カウンターの台の上にはボウルやバットに入った総菜や小料理が並んでいる。つまり造作としては日本の小料理屋とほぼ同じで、客はボウルの中に入った水牛の内臓などをアテにロキシーと呼ばれる蒸留酒をチビチビ飲むのだ。水牛の内臓はそのまま出すのではなく、注文が入った分をその都度鉄板で温めてくれる。こうした気づかいも日本の小料理屋を彷彿とさせ、周囲の酔い客たちとのふれあいとも相まってその空間はかけがえのないものとなる。

ロキシーとは主に雑穀のコド（シコクビエ）から作られる蒸留酒だが、ネワール族は米、タカリー族はファーパル（蕎麦）などほかにもさま

魅惑的なバッティのカウンター

ざまな素材を使う。ロキシーの製造はごく小さな家内制工場で行われていることが多く、基本的に店はそうしたところから仕入れているが、そもそもバッティの語源には「酒の製造所」の意味もある。

酒の自家製造は建前上、当局から禁じられてはいるものの、とりわけネワール族の場合、祭礼や婚礼といった人生の最も重要な儀礼と密接にかかわるためスルーされている状況のようである。またビールなどのボトル詰め飲料と違い、製造過程で混ぜものが加えられることを不安視する「良識派」の人たちも少なからずいて、そうした人たちはたとえ価格が高くても「安全な」ビールを好む。

バッティの楽しみは単に酒を飲むだけにとどまらない。そこで出されるネワール族特有の「珍味」もまたわれわれを強く魅了する。ほぼ火を通さない、ミンチにした生の水牛肉「カチラ」はまるで韓国料理のユッケのような味わいがある。一方、「サプミチャ」は水牛の胃を小袋状に加工し、中に水牛の髄を詰めて糸でしばり、湯通ししたものを揚げ焼きにするという手の込んだ一品。こうした、なかなか一般の大衆食堂では出会わない味と出会えるのもバッティの魅力である。

なお、バッティは単に夜だけ営業する飲み屋ではなく、昼はチョウミンやモモなどのカジャ（軽食）が食べられることが多い（もちろん昼飲みも可能）。だからたとえ酒が苦手という旅行者であっても、豊かなネワール族の食文化を体感出来る貴重な場になるので、気後れせずに緑のカーテンを開いていただきたい。そこには「もう一つ別のネパールの顔」があなたを待っている。

バッティではさまざまな珍味が味わえる

ラッシー

現地系ラッシーとは？

「お飲み物はドウナサイマスカ？　チャイorラッシー？」
「じゃあ私はラッシーで」
「僕はマンゴー・ラッシーを」

オーダーを聞きに来たホールのネパール人と交わすこんなやりとりが、日本のインネパ店ですっかり定着してもうどれぐらい経つだろう。店の増加と共に、「ラッシー」というこの甘いヨーグルト・ドリンクもまた全国に広まり、いまやインド料理屋に行けばチャイかラッシーいずれかがセットに付いてくるものと認識されて久しい。

オレンジ色のドレッシングがかかったキャベツサラダ、大きくフカフカのナン、バターチキンなどのコッテリとしたカレー類と共に、インネパ店におけるラッシーはもはやテンプレート的な王道アイコンである。事実、私もフカフカのナンを食べる時はラッシーを頼むことが多い。一緒に飲むラッシーは甘いナンに実によく合うのである。

そんなことを言うと「何を当たり前のことを？　インド料理にインド飲料のラッシーが合うのは当然でしょう？」と疑問に思われる方がいるかもしれない。でもそうではないのだ。実はインド国内においてて料理と一緒にラッシーを飲むことはありえない。インド人がラッシーを飲むときはラッシー屋に行き、単体で飲むのである。一方の日本のインネパ店におけるラッシーは、ナンやバターチキンのようなインネパ料理と同様、日本人の口に合わせてカスタマイズされた「インドにはないドリンク」なのである。この辺り、もう少し詳しく説明してみよう。

インネパ店のラッシー

本場インドのナン（ナーン）は、日本における先端の長い二等辺三角形の形状の大きなナンと違い、適度な大きさにカットされてサーブされる。またテクスチャーも決して日本のものほどフカフカしていない。歯ごたえのあるややハードなものが好まれる。そしてこのハードタイプのナンや料理に合わせられるのは、水あるいはコーラのような炭酸飲料であって決してラッシーではない。そもそもインドの食堂メニューのソフトドリンク欄にラッシーは存在しない。あるとすれば外国人観光客相手の店ぐらいである。一方日本では、インドらしいドリンクとしてのラッシーが、いつの頃からかメニュー化されるようになった。すると当然日本人客は食事と共にラッシーを選ぶようになる。かくして提供する側は、ラッシーを「食事に合う」ように工夫するようになったのである。

「食事に合い」、「食事の邪魔をしない」ラッシー。それは例えば日本の定食におけるウーロン茶のような存在だろうか。自己主張が強い、存在感のあるラッシーだとダメなのだ。サラサラとして、ナンとカレーを咀嚼したあとの口中をリフレッシュさせる飲料。それが日本におけるラッシーのスタンダードとされて以降、多くのインネパ店が日々同じようなラッシーを作り、提供するようになっている。

では、本場インドにおける「ラッシー屋のラッシー」とはどんなものなのか。日本でスタンダード化したラッシーとは何がどう異なるのか。過去に訪問した、印象的な店を列挙していこう。

個人的にインドで飲んだラッシーの中で、最も深く印象に残っているのはラージャスターン州ジョドプルで飲んだマッカニア・ラッシーである。「飲んだ」という表現は不正確かもしれない。正しくは「食べた」というべきだろう。それほどまでに濃厚なのである。

店が位置するのはジョドプル旧市街の中心部。ガンターガル（時計塔）と呼ばれる大きなモニュメントがある広場の脇にある老舗、シュリー・ミシュリアル・ホテルがその店で、立地の良さ

ラージャスターン州ジョドプルで「食べた」マッカニア・ラッシー

も手伝って訪れる地元客が絶え間ない。店の横は製造場となっていて、サラシのような薄布で乳脂肪を巻き、水分を絞り出す伝統製法でマッカン（発酵バター）が作られている。そしてこのマッカンがドップリとラッシーに投入されるのだ。あまりの濃さに客たちはスプーンでラッシーを「食べて」いる。ためしに私もスプーンを刺してみると、見事に屹立したのにはちょっと感動した。「スプーンが立つラッシー」なのだ。

パンジャーブ州アムリトサルの旧市街にあるアフジャ・ミルク・バンダールのラッシーも忘れられない一杯だ。脂肪分の多い水牛のミルクから作られた、コッテリしたラッシーを求めて朝早くからガタイのいいパンジャーブ男たちが集まる。ステンレスの大きなグラスになみなみと注がれたラッシーの表面には、マラーイーと呼ばれる、ミルクを加熱した際に発生する凝固した乳脂肪を切り分けてのせてくれる。この濃縮した乳脂肪が美味いのだ。固形化したマラーイーをひとかじりし、ラッシーの液体を交互に口に含む。目を閉じてじっくり後味を堪能したら、再びマラーイーをひとかじりしてラッシーを口に含む。この交互に繰り返される至福の循環がエンドレスであればと願わずにはいられなかった。

インドは総じて乳製品をよく摂取する国だ。ほぼ全州食べ歩いた経験上、中でも北インド、とりわけパンジャーブ州やラージャスターン州が最も乳製品摂取比率が高いと感じられた。もちろん他州でも、例えばターリーやミールスといった一皿料理の中にヨーグルトが付いてくることは多い。だがパンジャーブ州やラージャスターン州ではより深く日常的に乳製品を摂取している。

それは国境を越えたパキスタンでも同様である。パキスタン側のパンジャーブ州ラホールの、迷路のような細い路地を朝の薄暗いうちから辿っていく。早朝過ぎてすれ違う人もまばらな中、遠くの方にそこだけむくつけきひげ面のおじさ

パキスタン、ジェダ・ラッシー・バターミルクの店頭

んたちが群がっている店が見えてくる。そこが目指すジェダ・ラッシー・バターミルクである。昔ながらのトークン販売で、おじさんの群れをかき分け、肩と肩の間から手をさし伸ばしてようやく売り場でトークンを手に入れる。しかしそこからが長い。店内にドッカとあぐらをかいた年輩の太った職人が、悠々と壺の中のラッシーを攪拌している。群衆の眼は、攪拌棒を握る職人の手元に注がれる。一〇分が過ぎ、二〇分が経過し……。職人は一向に攪拌する手を止めない。「おいおい、一体いつまで攪拌しているんだ⁉」群衆たちがあわや暴動を起こさんとしたその瞬間、ようやく職人は動く手を止め、巨大な壺に入った気泡たっぷりのラッシーをトクトクトクと大きなアルミのコップに注ぐ。「オオッ」という声にならない群衆のどよめき。やがてコップは群集の一人一人に手渡され、暴動は間一髪のところでまぬがれた。じらされて飲んだラッシーの味が極上だったことは言うまでもない。おじさんたちは喉を鳴らしてラッシーを美味そうに飲み干した。そして翌朝、性懲りもなくまた店に並んで暴動の一歩手前まで至るのである。

このように、インド亜大陸各地で味わうラッシーは、日本で一般化されたそれとは天と地ほどの差があるのだ。

酸味に対する嗜好

そこがインドであろうとなかろうと、インド料理店に入ればまず人はメニューを開く。もしメニュー・ブックがないような老舗でも、壁を見れば剝げかけたペンキで、その店で何が食べられるかが羅列してある。たとえそれが現地語表記であっても心配ご無用。近ごろはスマホの翻訳機能という便利なものが開発されて、かざすだけで何となく内容を読み取れる。

「店がお客用に準備した料理の名前と価格表」それがメニューの定義だろう。店があらかじめ準備したものから、客は食べたいものを選択する。本書の中で紹介したさまざまな料理名もまた、基本的にこうしたメニューの中に書かれている代表的なものばかりだ。しかしである。インド料理を深く追求したい私のような面倒なマニアは、次のように考えてしまうのだ。

「店でメニュー化されたものだけが、果たしてインド料理なのか……?」

答えはむろん「ナヒーン（ノー）」である。店でメニュー化された料理は、その経営者が経営的な判断によって選択ないし考案され、原価や利益などを考えて値付けされた商品である。しかしそれはあくまでインド料理という大海の中からすくい上げた氷山の一角に過ぎず、商品化をされていない、まだ見ぬインド料理が各地方や各家庭の中にごまんとあるはずだ。もしかしたら自分が今までインド料理だと思って食べてきたものは、商業主義的な価値観に裏付けされた、きわめて限定的かつ非本質的なものなのではないか……。インド料理旅を続けていると、そんな不安と焦燥が強烈に頭をよぎることがある。

そこで私は、料理店のメニューに決して上らない料理を探し求めるようになった。そうしてたどり着いたものの一つが、東インドから南インドという米食文化圏において広く食べられていた「水ごはん」だった。そこには料理店では出されないい確たるわけがあり、その理由を丹念にひも解いていくと、メニュー上のインド料理には立ち現れない「もう一つのインド料理」の姿が見えてくる。その話を進める前に、まず水ごはんとは何かから話さなければならない。

一九九〇年代以前にインドをバックパッカーとして旅した方ならばよく覚えているだろう。当時のインドは実に停電が多かった。蒸し暑い夜のドミトリーで、カラカラいいながら回る、天井からぶら下がった弱々しい扇風機が止まるたびに「クソッ、また停電かよ！」の怒声が暗闇のどこかから聞こえた。停電は昼夜問わずあったが、特に冬場よりも夏場の方が多かったように記憶している。電気の供給そのものがそんなふうだったから、冷蔵庫など置いている一般家庭も少なかった。冷蔵庫に何か食材を入れたところで、停電ですぐに元の常温に戻ってしまうのだ。電気が来なければ、冷蔵庫など単なる扉のついた箱である。

本書の中でも折にふれ、インドにおける「浄と不浄」の観念について述べてきた。日本よりはるかに過酷な夏が存在するインドでは、食材はより早い速度で劣化する。インド料理における過剰なまでの火入れは、理由を何も宗教的観念に求めずとも、過酷な季節を一夏でも経験すればおのずと理解出来るものだ。この長年の習慣が抜けきらず、今でもインド人は冷蔵庫に入ったものを信用せず、料理の「鮮度」に強くこだわる。料理を作り置きすることは（季節によるが）ほとんどなく、食べる分だけ料理をする。作り置きとは料理の劣化にほかならず、それを食べることは自身の健康の損失に直結する。

それでも料理を保存せざるを得ない状況はある。今でこそ核家族化や少子化が都市部などで見られるインドだが、一昔前までは大家族が大半だった。食べ盛りの子どもを多く抱えた家では、その都度ごはんやおかずを作るのは大変な重労働である。しかも今のようにガス調理器具も電子レンジもない時代、かまどに薪をくべて調理するのが日常だった。実は農村部では今でもそうである。そしてその重労働はすべて、家の女性たちの役割となっていた。

蒸し暑い夏、三度三度のご飯のたびに薪

ベンガルの水ごはん

火をおこして米のメシを炊くのは気の遠くなるような作業である。しかしそうした困難の中にこそ、生活の知恵は生み出されるものだ。いつの頃からか、人々は水を張った容器の中に炊いたごはんを投入することで劣化を防ぐ方法を見つけた。それがインドの「水ごはん」である。

常温で放置しておくとすぐさま腐敗してしまうごはんだが、水に入れれば多少はもつ。それだけでなく、翌日には微発酵して多少の酸味がつき、食べやすくもなるのだ。ただでさえ食欲の落ちる夏場、十分な栄養を補給しなければ強烈な日差しの下での農作業など続けられない。微発酵したごはん

タミルの水ごはん

に、さらに刻んだ玉ねぎや青唐辛子を入れてスルスルと食べやすくする。こうする事で「作り置き」したごはんを美味しく安全に摂取出来るようになるのである。

ただしこの水ごはんがレストランのメニューに載ることはまずない。なぜならそれは「貧乏人の食べ方」とイメージされるからだ。水ごはんとは例えば厨房仕事をするお手伝いさんを抱えたような裕福な家庭では不要な食べ方である。彼らは三度三度米を炊けばいいのだ。こうしたイメージから、レストランでは水ごはんが「金を取れる料理」だとは見なされないのだ。一方で、こうした質素な食べ方が高カロリー食に慣れた現代インド人の間で見直されてもいるのも皮肉な事実である。

この水ごはん処理法は、東インドから南インドにかけてという米食文化圏で広く見られる。ただその食べ方は一様ではない。東と南とで食べ方が異なるのである。水中での発酵によってある程度の酸味はついているが、東インドではそれ以上の酸味をつけることなく、玉ねぎなどの薬味や塩を加えて食べる。一方、タミルなどの南インドでは薬味や塩を加えるところまでは同じだが、さらにヨーグルトを加えて酸味をブーストする。ここに東インド人と南インド人の酸味に対する嗜好の違いが表れていて興味深い。

青マンゴーやタマリンドで酸味づけしたプリホラ（炊き込みご飯）やゴングラの葉など、アーンドラ人の酸味好きは全インドでよく知られるが、タミル人もまた酸味好きに関しては負けて劣らない。バナナの葉で食べるミールスだって、最後のタイル（ヨーグルト）のキュッとした酸味なしには締まりの悪いものになる。一方、東インドのベンガル人はドイ（ヨーグルト）に砂糖を加えて甘くしてしまう。彼らは全般的に、酸味の際立った料理は好まないのだ。ラッシーの原料となるヨーグルトの酸味に対する嗜好にも、広いインドでは多様な地域性が反映されるのである。

ラッシーのポテンシャル

「ナンやカレーと一緒に飲む、甘酸っぱい爽やかな飲料」

現代日本人が持つラッシーのイメージとはそのようなものだろう。

だがインド本国で飲まれているラッシーがそうではない、という話をこれまでした。今回はさらにまた違うラッシーの側面についてご紹介していきたい。

作り置きしたものを冷蔵庫で冷やしておく日本のインドレストランと違い、インドのラッシーはその場で作られるものである。道ばたにせり出した台の上にあぐらをかいた民族服のおじさんが、大皿にたっぷり入ったヨーグルトをおもむろに壺に投入し、水とザラメ砂糖をザバッと入れてシャカシャカと攪拌棒を回す姿は実にインドらしい光景だ。

インドの街かどで売られているラッシー

作り置きしていないがゆえに、店によっては砂糖ではなく塩を入れてくれることもある。ヒンディー語で「ナムキーン・ラッシー」と呼ばれるこの手のラッシーは、甘いデザートとしてのラッシーとは異なる清涼感が味わえる。

さて、ここでラッシーの定義について今さらながら押さえておきたい。「砂糖、または塩で味付けされたヨーグルト由来の飲料」というのがインドにおけるラッシーの一般認識であり、本項の中で語ってきた姿もまたそれである。だが本来的なラッシーとは、実はそのようなものだけでない。今やインド人すら忘れかけている、「もう一つのラッシー」があるのである。

そもそもインド料理の最も基本的な食材であるギーとマッカンは、ミルクを乳酸発酵させたヨーグルト（ヒンディー語でダヒー）から作られる。いわばインド料理の根源食材はヨーグルトであるといっても過言ではない。このヨーグルトを攪拌（チャーニング）して脂肪分と水分とを分離させて出来た脂肪分がマッカン（発酵バター）であり、さらに純度を高めたものがギー（精製バター）となるのだが、残った水分もまた砂糖や塩を加えて飲料にする。そしてこの残滓汁こそ、実は店で飲まれているものとは別の「もう一つのラッシー」なのである。

この残滓汁は英語でバターミルクとかヒンディー語でチャーチ、タミル語でモールなどと呼ばれている。元来は農家などで飲まれていた残滓汁としてのラッシーが、いつの頃からか商店で販売される清涼なデザート・ドリンクを指すようになり、一方でチャーチやモールは塩やダニヤー（コリアンダー）を加えて食事と共に飲まれるドリンクとなった。南インドの食堂などに行くと、バナナの葉を敷いたミールスと共に美味しそうにモールを飲むおじさんたちの姿を見ることが出来るが、それは現代日本のインネパ店でおなじみの、「食事に合う」ラッシーの姿にきわめてよく似ている。

ラッシーやチャーチやモール、あるいはマッカンやギーといったインド料理を象徴するミルク由来の食材群はすべからくヨーグルトから作られている。つまりヨーグルトこそ、インド料理にとって不可欠な食材なのだ。インド人がいかにヨーグルトを重用しているかが分かるエピソードとしてこのようなものがある。それはインド国内ではなく、日本の北海道を訪問した時のことだった。北海道の日高地方は競走馬の産

タミルのミールス屋。ステンレスのカップにはモールが入っている

地として名高く、多くの競馬ファンが引退した有名馬を訪ねに訪れる。一方、競馬には全く興味のない私がこの日高地方を訪問した理由はただ一つ。そこにインド人がいるからにほかならない。

日高地方、とりわけ浦河町には二〇二四年五月現在約三四〇人のインド人が住んでいるという。主な仕事は競走馬の世話全般、つまり厩務員《きゅうむいん》である。長い間、日本人はおろか外国人すら人員が集まらなかったこの地に、約一〇年前からインド人が定着するようになった。町は何とか定着してもらおうと、病院や役場の窓口にヒンディー語の案内版などを設置。その様子はニュース映像などで紹介されたのでご存じの方もいるだろう。

厩務員としての技能を持つ彼らは主にラージャスターン州ジョドプル周辺の出身で、伝統的に厩務関係の仕事を家業とする人が多い。彼らの中には兄がイギリス、弟はドバイで、それぞれ厩務員として働いているような人もいる。

とはいえその仕事は過酷である。生き物相手だから一日たりとて同じ作業はない。気性の荒い馬もいる。齧られたりするのは日常茶飯事で、中には「頭を蹴られた」と生々しい傷あとを見せてくれた人もいた。早朝四時起きで厩舎に向かい、馬場の掃除から飼葉やり、その後は運動をさせる。勤務地は町からはるか遠くにあり、周囲には食材調達のためのスーパーはおろかコンビニ一軒すらない。

「一体、どのような食生活を送っているのか？」

好奇心にかられた私は、頼みこんで彼らの住居にお邪魔させてもらった。牧場に併設された、男三人で暮らしているという古いプレハブ住居を寮として使っている。殺風景な台所は大きな冷蔵庫があり、扉を開くとボウルの中には驚くほど大量の自家製ヨーグルトがあった。

「買ってきた牛乳は火を通して、全部こうするのさ」

と、一人の厩務員が教えてくれた。クタクタに疲れて寮に戻ってきて、毎日五〜六キロも離れたスーパーに買い物に行くなど不可能だ。必然的に買いだめをすることになる。買い物に行く頻度は十日から二週間に一度だという。いくら冷蔵庫があっても、牛乳など当然、悪くなってしまう。つまり彼らがヨーグルトにするのは単に食べたいからというより、牛乳を劣化から防ぎ保存しておくための知恵なのだ。

そう考えると、インドにおけるヨーグルトの重要性もまたよくわかってくる。搾乳したミルクはその瞬間から空気に触れ劣化がはじまる。インドのような過酷な自然環境ならなおさらそのスピードは早い。発酵させて、ヨーグルト化する目的は前に紹介した「水ごはん」と同じである。そして一旦ヨーグルト化したのち、マッカンやギーといった日々の生活には欠かせない加工品を作るのである。つまりインドにおけるヨーグルトとはそのような食材なのであり、ラッシーもまたその製造過程と分かちがたく結びついている。

さて、最後に本筋から少し脱線するが、個人

インド人厩務員が見せてくれた大量の自家製ヨーグルト

的なラッシーの楽しみ方をご披露したい。これは日本のインネパ店においての話である。酒好きの私は、インネパ店でもよくアルコール類を摂取する。サワーやハイボールを「ちょっと濃いめにしてネ」などの慣用句と共にオーダーするのも悪くはないが、時おりこんな注文の仕方をすることがある。

「赤ワインとラッシー、一緒に持ってきて」

この二種はどんなインネパ店のドリンク欄にも置いてある。そして同時にテーブル上に置かれたラッシーのグラスに、赤ワインをゆっくりと注ぎ込んでゆく。真っ白いラッシーが、次第に赤紫色に染まっていく様は、必ずしも見た目には美しいものではないが、それでも一口飲んでみると何とも絶妙な甘味と酸味が互いに引き立て合い、クイックイッと飲めてしまうカクテルが完成する。ラッシーとは酒にもよく合う、割り材としてもまた秀逸な食材なのだ。赤ワイン・ラッシー、インネパ店に入ったら是非お試しあれ。

チャイ

輪廻転生するチャイ

喧騒と混沌のインドに降り立ち、人の波をかきわけながらヘトヘトになって旅を続ける。リキシャーとの交渉でボラれ、怪しげな旅行代理店からもボッタくられてすっかりインドに疲れてしまった旅人を癒すのが「一杯のチャイ」である。小さな露店のベンチに腰掛け、カップ一杯の熱いチャイを啜りながらわずかに残った気力をふり絞り、その日一日のインドとの格闘を誓う……。これが一昔前のインド旅行記にしばしば登場する、ステレオタイプな風景描写である。

チャイ。それは今やインドを象徴する、さながら国民飲料とでもいうべきドリンクである。インドの街なかに分け入れば、たとえそこがどんな辺鄙な田舎であってもチャイ屋は必ずあり、ヒマそうなおじさんたちがズズッと啜っている姿はおなじみの光景といってよい。

もちろんチャイはおじさんのような庶民層だけのものではない。上流階級たちも、かつて自分たちを支配していたイギリス人よろしく白磁のティーカップにソーサーを持ち、ソファーに腰掛けながら優雅な午後のチャイ・タイムを楽しんでいる。その一方で、道ばたでの路上生活者がどこからか集めてきた木っ端や乾燥させた牛糞を燃料にしてチャイを沸かしている。とりわけ冬場の北インドはことのほか寒い。彼らにとって温かいチャイは、空腹をまぎらわす上でも暖をとる上でも不可欠な一杯なのだ。

インドを歩けばチャイ屋にぶつかる

このようにセレブからホームレスまで、また年寄りから子供まで、宗教・カースト・年齢・性別の差を超えて、皆等しく一律にチャイは好まれる。このような光景を見て旅人は思うだろう。「さぞインドとは太古の昔からチャイを飲んできたに違いない」と。しかしあにはからんや。チャイはインドにとって歴史の実に浅い飲料なのである。中には伝統を装った風に見せている店もあるが、すべからく偽装である。インドにここまでチャイが浸透したのは二〇世紀に入ってからで、それもイギリスによる熱心なプロモーションによって「開発された」ものなのだ。

よく知られているように、イギリスは「紅茶の国」などと呼ばれている。とはいえインドに喫茶の習慣を植え付けたそのイギリスでさえ、欧州の中では茶の伝播は比較的遅い部類に属する。さらに導入された初期から現在に至るまで、イギリスにおいて茶葉は国産品ではなく輸

イギリス流にカップ&ソーサーで出されるチャイ

入品一辺倒である。

ヨーロッパへの茶の流入は、海外進出ではイギリスに先行していたオランダが一七世紀、中国や江戸時代の日本から輸入したのが嚆矢とされる。当初は高価な嗜好品として、上流階級の間で広まった。イギリスも後追いで貿易に参加し、茶葉を中国から輸入するようになる。やがて国内の喫茶人口の増加にしたがい輸入量もまた増加していったため、中国産ではなく自国領内での茶葉生産はイギリスにとっての悲願となった。そしてついに一九世紀、イギリス人事業家によりインドのアッサム地方で自生の茶樹が「発見」される。こうしてインドでの茶葉生産がはじまる。当初はイギリスへの輸出品目だったが、次第に販路拡大のため、当時茶を飲む習慣の全くなかったインド国内向けにも販売が試みられていくことになる。

当初イギリスは茶葉だけでなく、インド人に「格式高い」紅茶の飲み方をも教え込もうとした。図入りのポスターを作り、ブリティッシュ・スタイルの正しい紅茶の淹れ方、飲み方を啓蒙しようとする涙ぐましい努力の跡が見られる。この辺の経緯は、専門家である村山和之先生の論考『インド紅茶史外伝－鉄道駅のポスターにみる「チャーエ（チャイ）」誕生の兆候』（和光大学表現学部紀要）に詳しい。

こうしたブリティッシュ・スタイルのともすれば強引な押し付けを、しかし当のインド人たちは頑なに拒絶した。エクセレントなイギリス的な味わいと、ティー・タイムにおけるエレガントな立ち居振る舞いの「指導要綱」に対し、香辛料やショウガを入れて「インド人の舌に媚びた」ものに作り変えてしまったのだ。チャイの誕生である。これにはイギリス人もびっくりだったが、時が流れ二百年にも渡る長期植民地支配が終わったイギリス本国で、インド式のチャイが「マサラ・ティー」の名で広く親しまれるようになっている現状は諸行無常の響きがある。

「ガチ中華」という流行りのワードに象徴されるように、「本場と同じ味」がとりわけ好事家の間で昨今注目を集めている。その一方で、ラーメンやカレーライスのような日本独自に進化した料理はスタンダードとして、もはやそのルーツを意識することなく、まるで古くからある日本料理のように認識されている。インドでも同様で、都市部には「オーセンティック」であることを謳う飲食店が近年増えつつあるが、元来インド人とは食べものだけにとどまらず、あらゆる外来文化をインド流に魔改造してしまう人たちでもあり、その頑固さがチャイのありように濃厚に反映されている。イギリス流の啓蒙をものともせず、自らの舌にのみ合わせてチューンされたチャイは、もはやインド料理の立派な一部を形成している。そしてそれ自体がオーセンティックな存在となり、イギリスに逆輸入されるまでに至っている。それは元来イギリスから伝わった日本式のカレーが、イギリスの一部で「カツカレー」の名で愛好されている現状とよく似ている。まさに食の輪廻転生である。

イギリスから押し付けられたミルク・ティーを自らの強固な意志でチャイに作り変えてしまったインド人。甘くて風味に満ちたその一杯は、インドの旅の情景を思い起こす必須のアイテムである。しかし広大なインドにはわれわれの想像のななめ上を行くチャイの種類や飲み方、楽しみ方が存在する。アッサムやダージリンなど東インドの清涼な山中で育てられた茶葉はイギリス人の必死の啓蒙にもかかわらず、煮出して鍋の中でスパイスとミルクを混ぜ合わせる独自の飲料「チャイ」に生まれ変わった。しかしこのチャイとて決して単一の淹れ方、飲み方ではないところがインドのインドたる所以である。南に行けば南の、西に行けば西の淹れ方や飲み方がある。インド各地のチャイ沼に、さらに奥深く入り込んでみよう。

甘くないチャイ

「甘くて熱い濃厚な一杯」

われわれはチャイをそのようなものだと認識している。イギリスがインドにミルクティーを伝えた頃、すでにイギリス本国では紅茶にミルクと砂糖を入れて飲むのが当たり前だった。インドのチャイの祖型はこのイギリスのミルクティーである。

とはいえチャイの源流となったイギリスでも、最初から紅茶はミルクと砂糖入りで飲まれていたわけではなかった。茶の発祥地の中国や、隣国のため世界的にかなり早い段階で伝わった日本においても茶に甘味を付けたり、ミルクを入れて飲むことは今でもない。そしてこのストレートで飲む飲み方は、茶を輸入しはじめた初期のヨーロッパ諸国でも踏襲されていた。つまり一七世紀初頭、イギリスに先行して海外進出の先鞭をつけていたポルトガルやオランダが中国から茶葉を輸入したのがヨーロッパに茶が伝わった端緒だが、その初期段階においてはミルクも砂糖も加えられていなかったのだ。

紅茶に砂糖を入れる飲み方は、一七世紀半ば、ポルトガルのブラガンサ王朝からイギリス王室に嫁いできたキャサリン妃が伝えたといわれる。自国領のブラジルでサトウキビ栽培していたポルトガルには、砂糖をこのように使う文化があったのだ。さらにイギリスに伝わった紅茶は渋み（タンニン）が強かったため、やがてミルクも加えて中和する飲み方が開発された。ロイヤルミルクティーの誕生である。

インドのチャイもこれに倣ってミルクたっぷり、甘いものが主流である。インドを訪れる旅行者も早々とこの洗礼を浴びるだろう。早朝、まだ薄暗く喧騒がはじまる前のバザールの一角で営業している屋台で飲む朝の甘い一杯は格別だ。ただしインドで飲むチャイが全て甘いと思うのは早計だ。インドには「甘くない」チャイもまた存在するのである。

中でもカシミール地方を中心に飲まれる、砂糖ではなく塩で味付けしたナムキーン・チャイは有名である。別名ヌーン・チャイ（「ヌーン」はカシミール語で塩の意味）とも呼ばれるこのチャイは、見た目はきれいなピンク色をしている。茶葉を重曹（ベーキング・ソーダ）と共に煮出すことで赤茶色の原液が出来、そこに白いミルクを投入することで鮮やかなピンク色になるのだが、何も知らないで飲むと、そのイチゴ牛乳のような色味からは想像がつかないほどの強い塩味にびっくりする。ただし慣れてくると、何ともいえない風味とコクとが相まってやみつきになる。とりわけ寒い冬場に飲むナムキーン・チャイは身体が温まる(塩で血圧が上がるからだとか)。

「チャイは甘いもの」という固定概念があるわれわれにとって、塩味のチャイは慣れないうちは戸惑う。カシミールは地理的に近いチベットから文化的影響を受けているが、そのチベットには中国内部から陸路で伝わった茶葉にバターを入れて攪拌するバター茶を飲む文化が古くから存在する。チベットの喫茶文化の源流となったのはおそらくモンゴルだろうが、そのモンゴルには茶に塩とミルクを入れる文化がある。つまりカシミールの喫茶文化は

冬に飲むナムキーン・チャイは格別

イギリスが啓蒙しようとしたミルクティー文化とは別ルートかつ、時代的にももっと早い時期に伝わっていたのだろう。ちなみにチベットのバター茶は、嗜好品というより食事としての汁物に近い。実際、チベットの人たちはこの茶にツァンパと呼ばれる麦こがしを混ぜて一つの食事にしている。

カシミールに限らず、インドから西アジアにかけて、広く乳製品に塩を入れる味付けが見られる。ヨーグルト飲料であるラッシーも、砂糖ではなく塩を入れる飲み方がある。乳製品に塩という組み合わせは日本人にはなじみが薄いが、インド以西では一般的で、慣れてみると確かに長く伝統化するだけのことがわかる美味さがある。

ドンモという攪拌器で作られるバター茶

インド中部、マッディヤ・プラデーシュ州のボーパールには、カシミール同様「ナムキーン・チャイ」という呼称の飲み物がある。ただし同じ名前でも淹れ方が違う。ボーパールではまずパティーラーと呼ばれる平鍋で熱せられたミルクをカップに注ぎ、その上に蛇口のついたサモワール（給茶器）で熱した茶葉の抽出液を注ぐ。この抽出液にはあらかじめ砂糖と少量の塩が入っている。さらにパティーラーの表面に浮いたマラーイー（熱せられて表面に浮いた膜）を少しだけすくってカップの上に置く。味はというと、まず表面に浮いたマラーイーの風味と茶葉の香ばしさと薄い苦み。そしてかすかな塩味でブーストされた砂糖の濃厚な甘み。スイカに塩を振るがごとく、甘いチャイに塩を混ぜることでその甘味を際立たせるというテクニックがあることを、私はボーパールで初めて知った。

ボーパール名物のナムキーン・チャイ

一つの鍋の中で茶葉とミルクとを同時に沸かすのではなく、ボーパールのように茶葉の原液とミルクとを別々に熱し、カップの中で合流させる淹れ方は西インドから南インドにかけて広く見られる。これもまたチャイの現地化である(南インドでは名称からして「チャイ」ではなく「ティー」と呼ばれる)。特に南インドには、金属製のカップとソーサー(タンブラーとダバラ)の二つを両手で持ち、交互に移し替えることで茶葉の抽出液とミルクとをスプーンを使うことなく攪拌させる技法がある。古くからのタミル移民を介してこの攪拌技法は東南アジアのマレーシアに伝わり、現地ではこうして作られたミルクティーのことを「テ・タレ」と呼び、親しまれている。マレ

マレーシアのテ・タレ

ー語で「テ」は茶、「タレ」は引っぱる、つまり攪拌時に左右の手に持った容器に交互に移し替える様が引っぱるように見えることからこの名が付けられたという。今ではマレーシア全土で愛飲されているドリンクである。

一方、同じインド系移民でもカリブ海諸島に住む人たちの間にはチャイを飲む習慣がほとんどない。彼らの遠い先祖は現在の地理区分でいうビハール州周辺を出自としているが、移民として渡航してきた年代がイギリスがインドにミルクティーを伝えた時代よりも前だったため、初期の移民はチャイを知らずにやってきた。その末裔である現代のインド系移民の間にもチャイを飲む文化は発生しなかったのである。このように、今やチャイなしには語れないほど浸透したインドだが、飲料としての歴史は思いがけぬほど浅いことが、インド以外のインド人居住区を旅することでわかる。

Tea for One

ヨーロッパは中国から茶葉と共に陶磁の茶器も輸入していた。ヨーロッパでは中国製陶磁器特有の美しい乳白色を生み出す粘土が産出せず、それらは一部の特権階級だけが持つことの出来るぜいたく品となった。

後代、この乳白色の中国製陶磁器をヨーロッパ各地でも真似て作る動きが現れた。イギリスでは牛骨を陶土に混ぜた「ボーンチャイナ」が発明され、現在のドイツのマイセンでも王によって製造を命じられた技術者が開発した、カオリンを原料とした陶磁器が誕生した。今やボーンチャイナやマイセンの陶磁器は世界的に知られる存在となっている。

さて、ヨーロッパに入った中国製の茶器（茶碗）にはマグカップのような持ち手がなかった。日本の湯飲みに持ち手がないのと同じである。そこでヨーロッパ、特に初期に茶の輸入をはじめたオランダでは、日本のように持ち手のない湯飲みを両手で持ちあげて口に当て、ズズッと啜ることを良しとせず、受け皿であるソーサーに少量こぼして冷ましたのちに飲むという奇妙な飲み方が編み出された。これは当時の貴族の風俗を描いた絵画の中に残っている。日本でいえば湯飲みの茶を茶托にこぼして飲むようなもので、ところ変わればマナーも変わるものである。

このような「ソーサーこぼし飲み」は、オランダに遅れて喫茶の習慣が根づきつつあったイギリスにも踏襲されたが、やがてマナーとしては廃れていった。ただ面白いことに、西インドの広い地域では今でもこの「ソーサーこぼし飲み」でチャイが飲まれている。おそらくチャイ導入の初期にイギリス人たちの啓蒙、ブリティッシュ・スタイルを真似してはじめられた飲み方が、当のイギリスではとっくに廃れたのにもかかわらず伝播した先のインドでいまだに残っているのである。

ただしそこから先がインドである。イギリスから伝わった「ソーサーこぼし飲み」を見事にインド化してしまうのだ。あれは西インド、グジャラート州のカッチ地方を旅した時のことだった。ラバリ族のおばさんが一人でやっている小さなチャイ屋台があり、歩き疲れた私は屋台のイスに腰かけて一杯のチャイを注文した。するとおばさんは一枚のソーサーを私の手に取らせ、そこにヤカンか

ムンバイのカフェで目撃した「ソーサーこぼし飲み」をする人

ら直接チャイを注ぎはじめたのである。私は虚を衝かれてしまった。

本来、熱いチャイを冷ますためにカップからソーサーに移されるべきところを、はじめっからソーサーに注がれてしまうのだ。これも元をたどればオランダからはじまり、イギリスへと伝わった「ソーサーこぼし飲み」が、インドに伝わり現地化してさらに進化したものだと捉えられなくもない。文化とはこのようにねじ曲がりながら伝播・深化していくものなのだと、飲みづらいソーサーからチャイを啜りながら思ったものである。

ソーサーに直接チャイを注いでくれたラバリ族のおばさん

このようなチャイの飲み方の「インド化」は枚挙にいとまがない。中でも最もインドらしいと感じさせられるのが、飲み終えたら地面にたたき割ってしまう素焼きのカップの使用だろう。北インドや東インドを旅すると、この素焼きのカップ（ヒンディー語で「クルハル」

という）によく出会う。

　容器を使い捨ててしまうのはヒンドゥー特有の観念に基づく。ブラーフミン（司祭）を頂点にした、いわゆるカーストと呼ばれる序列は神様との距離によって決まる。神様との距離が最も近い、神様関連の仕事を生業とするブラーフミンが最も清浄で、神様から離れれば離れるほど浄性は低くなっていく。浄性の低い人は高い人の触れたものを触れることが出来るが、その逆は不可である。料理人に司祭業にあぶれたブラーフミンが多いのはそのためで、ヒンドゥー的意識の高い人は自らが属するカーストより高い、ブラーフミンの作ったものなら（味はどれほど不味くとも）観念的には安心して食べられる。

素焼きカップの製造現場

他人が使った食器を使いまわしせず、その都度使い捨て出来る植物の葉を皿にしたり、誰の口に入ったかも知れないスプーンを使わず自らの手で食べるのもそうした理由による。使い捨ての素焼きのカップもまたその理由で使われるのである。もちろん最近ではコストが安く運搬に便利な紙コップやプラスチック製コップが出回るようにはなっているが、環境への配慮や伝統回帰から廃れかけた素焼きのカップが見直されつつある。もちろん、伝統回帰といってもチャイそのものは伝統的飲料でも何でもないが、大地母神信仰の強いヒンドゥー教徒にとって土製の器というだけで伝統的聖典に登場する偉大なるバーラト（インド）の大地に触れるというイメージを喚起させるようで、昨今ではこの素焼きへの愛着に目を付けた業者によって、タンドール窯の中で高温に熱したカップに注ぐことで土の香りをよりブーストしてチャイにまとわせた「タンドーリー・チャイ」なる新手の伝統商法が生まれている。

以上語ってきたうんちく話や眉唾話の数多くを、私はチャイ屋で同席したおじさんたちから教わった。中にはいかにも盛りに盛った話などもあったが、一つ一つが印象深く、その時語りかけてくれたおじさんたちの顔は走馬灯のように今でも脳裏に蘇る。チャイ屋は単にチャイだけを飲むためだけの施設にあらず、そこにたまたま居合わせた人たちから雑多な情報を得られる、かけがえのない学びの場としても機能する。

そしてさまざまな与太話、四方山話に耳を傾けられるのも一人でチャイ屋に赴いてボーっとチャイを啜っているからにほかならない。これが仲間と一緒なら、どうしても関心が外に向いていかなくなる。Tea for One。チャイ屋に行くのは一人がいい。いや、チャイ屋に限らず、食を含めてインドそのものを全身で深く味わうためには一人旅が最上だと私は思うのである。

どんな田舎に行っても一杯のチャイでもてなされる

あとがき

今やナンやバターチキンといった定番料理は多くの日本人に広く知られるようになった。しかしその成り立ちや背景、どんな厨房で、どんな調理器具によって作られているか、といった細かいことまで気にする人はほとんどいないだろう。そんなインド料理にまつわる一つ一つのストーリーを、旅するようにひも解いていったら面白いのではないか。本書の企画はそんなところからはじまった。

従来、私は本を書くときは必ず長い旅に出て、その経験を元に綴る方法をとってきた。しかし本書は基本的に今まで蓄積した食体験をベースに構成している。自らの古いインドの記憶をたどるのもまた一つの旅であり、ナンやバターチキンといった身近な料理であればあるほど、知っているようで知らなかったこと、まったく意識していなかったことなどが次々と出現し、その都度調べたり聞いたりしてクリアしていく作業はインド料理を反芻し、再発見するような楽しみに満ちていた。

旅に出ないぶん、本やネットはずいぶんと渉猟した。例えば今のご時世、一つの料理のことを調べるのに、レシピから食べられる地域、歴史的背景、どんな状況で食べられるのか、といった情報はまたたく間に集まる。しかしその料理をインド人がどう感じているのか、どうとらえているのかまでは見えてこない。そんな可視化されない情報にこそ価値があるのではないかと、国内外の多くのインド人から時間の許す限り、仔細に話を聞かせてもらった。付き合ってくれた皆さんには感謝しかない。そして感謝といえば、最初のお声がけから進行、編集までさまざまな助言をいただいた産業編集センターの及川さんに深くお礼を申し述べたい。

二〇二四年十二月　小林真樹

小林真樹

東京都出身。インド料理をこよなく愛する元バックパッカーであり、インド食器・調理器具の輸入卸業を主体とする有限会社アジアハンター代表。買い付けの旅も含め、インド渡航は数えきれない。商売を通じて国内のインド料理店とも深く関わる。

著作『食べ歩くインド　増補・改訂版』『日本のインド・ネパール料理店』阿佐ヶ谷書院『インドの台所』作品社ほか多数。

わたしの旅ブックス

058

深遠なるインド料理の世界

2024年12月13日第1刷発行

著者――――――小林真樹

デザイン―――――松田行正＋杉本聖士（マツダオフィス）

編集――――――及川健智（産業編集センター）

地図作成―――――山本祥子（産業編集センター）

発行所―――――株式会社産業編集センター
〒112-0011
東京都文京区千石4-39-17
TEL 03-5395-6133　FAX 03-5395-5320
https://book.shc.co.jp

印刷・製本 ―――株式会社シナノパブリッシングプレス

ISBN978-4-86311-428-9 C0026